거짓 시, 쇼윈도 세상에서

거짓 시, 쇼윈도 세상에서

박석준 시집

문학들

시인의 말

 쇼윈도 속 상품들에서 이미지나 말을 생각하고, 영상 속 이미지나 말에 심취하고, 수입산 커피를 파는 카페에서 나름의 풍요나 자유나 기쁨을 느끼기도 하면서 도시의 사람들은 살아간다.
 도시 속에서 고뇌를 하고 고독, 우수, 소외와 같은 것을 느끼는 사람도 있겠지만.

 그것이 여기에도 있다면 왜 거기까지 가겠는가?
 그것이 여기에 있다 한들 내가 그것 가까이라도 갈 수 있을까?
 큰 도시 쪽으로 돈, 사람, 현대의 다양한 문화를 집중시키는 정책과 인위와 돈.
 혼미한, 불확실한 시대 생각은 일어나지만
 생각대로 말이 되지 못한 목소리는 슬프다.

 말은 진실을 혹은 거짓을 내포하면서 다른 사람을 향해서도 요구와 충당으로 그 형태가 드러난다. 내가 표현한 말이 현 세상에서 무엇이 될지 알 수 없지만.

2016년 11월
박석준

차례

5   시인의 말

제1부 쇼윈도 세상에서

12   세월은
14   쇼윈도 세상에서
16   어머니의 신음 소리를 듣고
18   카페에 서성거리는 그림자
20   마흔다섯 넘어
22   사람을 그리다가
23   흙
26   흔들거리는 목소리의 슬픔
28   가난함
29   말과 속말
32   길을 걷다가
34   25년 전의 담배 한 모금과 세 잔의 술
36   꽃과 약, 청소
38   두 사람이 만나서 각자 다른 사람하고 말할 때

제2부 거짓 시

42 전화 목소리 – 숲 속의 비
46 비 한난가, 페카
48 술집에서, 그 밤의 메뉴
50 외면外面
53 거짓 시
56 의문의 날들
60 비가 눈으로 변할 때
62 슬픔은 길에서 깊어지지
64 우산을 속주머니에 넣고 길을 나서는 것은
66 석양에게
68 전집 – 30년 후 노래방
70 약국에 들렀다가 가는 길

제3부 세월 후 4월

76	불만의 겨울
78	41 페이스북
80	42 페이스북
82	숨은 배
84	리얼리티
87	가난한 비정규직노동자의 연말
90	세월 후 4월
93	콤플렉스 트라우마 – 트래픽 스트레스
96	메르스, 뉴스가 되어
99	비와 돈과 길
102	휴가철의 사람들
105	죽음의 뉴스
108	푸른마을 부근
111	신

제4부 커피를 마시는 사람들

116 화분의 꽃
119 추억
123 산책길에 때로 둘러본 인생. 2
126 비, 가난한 학교
128 -에 마음 쓰고 있어서
130 나는 나쁜 사람인지도 몰라
133 독신 남자에게 말을 남긴 여자들
136 안녕들 하십니까?
138 커피를 마시는 사람들
140 수행평가 시간
142 소년이 사랑할 때
145 떠나는 사람의 노래 연습, 집회
149 찜질방 가고 싶어요
152 비 오는 빛고을로
155 편의점에서처럼

158 **해설 쇼원도 거리를 걷는 현대의 햄릿** _ 김청우

제1부

쇼윈도 세상에서

세월은
- 목욕탕에서

아기야, 날 보아줘
벌거벗은 날 말이야.
네가 나중엔 나보다 클까 하는 생각은 하기도 싫단다.
그리움은 이슬비처럼 하늘로부터 내려오는 것은 아니지만
쓸쓸하게 사라진단다.
널 기게 하는 것은 무엇일까!
네가 나중에 길 위로 걷게 될 생각은 하기도 싫단다.
동경은 바람처럼 어디서인지 찾아왔던 것은 아니지만
허무하게 사라진단다.
아기야, 날 보아줘
소리치지 말고 말이야.
네가 나중엔 날 알 수 없을까 하는 생각은 하기도 싫어.
연모함은 꿈과 같이 나타나는 것은 아니지만
적막하게 사라진단다.
난 이제 옷을 입는다
아기야 넌 알 수 없지? 내가 옷을 입은 걸 말이야
네가 보았어도 알지 못하듯, 나도 널 보았어도 알지 못

하지.
 네가 나중엔 무엇과 같을지……?
 난 이제 가련다
 늙지 않는 소년을 훼멸하고, 길을 밝혀오는 빛을 밟고서
 아기야, 날 보아줘.

쇼윈도 세상에서

  컴퓨터를 끄고 퇴근한 나는 손 만나는 거리로 가고자 했다.
  간판의 이름들이 삶의 기억으로 회수되고
  말소리는 노크하는 사람처럼 언제나 반신반의였던 건데.
  어렸을 때 빗속으로 빠져가던 소년, 빗물에 떠 만들어지는 마블링,
  솔의 리듬으로 클랙슨에 버무려 버린 어느 가수의 미완의 음성
  ― 내 뒤를 밟는 소리, 어서 오라. 따뜻한 음성으로.
따위가 새로운 간판 볼 때처럼 잠시 손 생각 잊게 했다.

  나는 가슴에 한국 옷을 입은 마네킹 앞에 섰다.
  코가 뾰족하다, 스마트폰, 컴퓨터 윈도우에서와는 다른 모델,
  키가 빈틈없이 크다, 늘씬한 10대, 그렇지 날렵한 바벨탑
  그거다 인간의 소리를 모른다,

따위로 느낌을 번지게 하더니 마네킹은
 잠시 잊고 만 손을 떠올리게 한다.
 그 가게 앞에, 쇼윈도 세상에서

 나는 말이 없었다. 하루, 즐거운 햇빛을 바라며
 아름다운 새벽을 바라며 일터로 가는 버스를 탔다.
 뒤따라 교실에 들어온 학생에게 인사를 나누고
 유리창 가에 서, 내가 시내 전경을 바라보는 동안
 그 학생이 햇빛을 받고 있었는지도 모른다.
 일터를 떠나 손이 있는 데로 가고자 하는 나는 석양빛
 쏟아지는 쇼윈도 앞에서 사람 사이의 말소리를 그려
본다.

어머니의 신음 소리를 듣고

내게 비치는 반복,
그걸 볼 때마다 마음이 애틋해지지만
그래서 진실되게 여겨진다.
반복됨이야말로 간단한 형식이고
그 속에 사정事情이 내게 닿아,
내가 도망치듯 말을 잃어도
배반인지 알 수가 없다.

오늘도 집을 나서고 집에 돌아와 선 것이
시계처럼 나는 똑같았지만
그렇다고 허름한 모습의 동생 둘,
이웃집에서 차비 빌려 목포까지 일하러 가 있던 나
다만 맥없이 지친 모습은 아니어야 했는데.

끄응 끙, 으음 음
돈 없어서 신음 소리가 이렇게 약할까.
어머니의 신음 소리를 듣고
내게 비치는 반복,

그걸 알 때마다
나 분리되고 싶어
배반인지 알 수가 없다.
살아야 한다는 의식만이 뚜렷이
도망치듯 말을 잃은 나
뒤를 그림자처럼 뒤따르고 있다.

카페에 서성거리는 그림자

 마치 안개가 곁을 스친 것 같다.
 모처럼 흐르는 안개, 그 속에서 사랑 주고 싶은 사람이 가버리고
 불투명인 채로 몽롱해져, 대학 시절
 그 안개가 특별한 현상처럼 새겨졌는데

 아는 사람을 만났으나,
 체험을 요약하고 날은 가고 있다.
 아무것도 제대로 하지 못하다가
 마치 안개가 곁을 스친 것 같다.

 젊은 시절엔 인생의 향방을 몰라 서성거리고,
 40대엔 인생의 종착점이 근처에 있는 것 같아 서성거린다.

 시인들의 시를 보다가,
 왜 그 시를 써야만 했을까? 그 삶의 사연에 생각이 스며든다.

현실을 투영하여 작업하는 사람은……
하고 싶은 작업을 하는 사람은……

생계를 해결하는 직업으로서의 일은 하고 있으나
하고 싶은 작업으로 카페 운영을 해 가다가
하고 싶은 작업을 쉽사리 못 하는 나
통제와 조건으로 인해 하고 싶은 작업을 못 하는 나

카페의 문이 반쯤 열어진 채로
사람의 그림자가 없는 그 공간을 의식하면서
나는 나의 삶의 그림자를 본 것이다.
  황혼에 서성거리다 흔들거리다 하는 것만 같은 삶의
그림자

그 카페의 어두운 실내에서 생각해 본다.
  카페를 찾아온 사람은 무얼 만나고 싶어했을까?
  이미 떠났지만,
  관계로 인해 안다는 것, 있다는 것, 살아간다는 것 이 모든 것들이

마흔다섯 넘어

퇴근을 하고 열어보는 여러 얼굴들
살아가는 일에 대해 생각하는 날
아름다운 사람이 스쳐 간다. 그때
안다고 누군가 인사하는
몸짓이 재생된다, 유리창 밖 세상처럼.

SALE! SALE! 쇼윈도 속, 백화점 불빛 아래
내피 점퍼 650,000원
노르지 점퍼 219,300원, 338,300원
가격들이 붙어 있다. 가격 앞에 선
사람들도 불현듯 스쳐 간다.

SALE? SALE? 살래? 살래?
SALE? SALE? 못 사, 살 수 없어.
어느덧 저렴해진 내 인생,
흐르는 차는 밤을 불빛으로 남기는데,
길을 걷는 나는 돈 없음을 생각한다.

마흔다섯을 넘어, 살아가는 일에 대해
생각하는 날, 잠자리에 떨어지는 빗소리가
자꾸 귀를 세우게 하는데,
오늘도 아름다운 사람이 스쳐 간다.

사람을 그리다가

낙엽이 쌓이던 길, 소록소록 눈이 내려앉던 길
위에 떠오른 커튼
조그맣고 버려진 듯이 가려진
커튼!

고독이 달아 놓은 커튼

길엔 사람들이 거닐고
그 커튼 속엔 만나야 할 사람이 거닐고 있다.

한 사람이
한 사람을 그 커튼 뒤에서 그려 보고
한 사람이 한 사람의 길을
그 커튼 뒤에서 지켜본다, 어느 날.

흙

불빛…… 빈가…… 골목길
…… 골목길, 길이 막히었다.
빈틈이 작게 난 구멍으로 기어들어 갔다.

말소리 들려오는 곳을 피하고
담을 넘는다.
한숨 사이로 거짓이
지붕, 지붕을 타고, 빈터까지
살금살금 기어내린다.
덜 포장된 길이다, 돌·흙·먼지·쓰레기……

하룻밤, 얼굴은, 건너 건너, 와서 말했다.
돈, 돈으로 돌고
想像, 想像으로 想傷해
내 육신 떨어져도
발, 발만이 가고 싶지 않아.
얼굴, 얼굴은, 잘 알 수도 없는 말을 하면서……
돌아왔다, 하루는, 야산에서, 흙, 먼지, 쓰레기 있는 곳

에서
비명이 퍼지고, 얼굴은 눈을 뜬 채, 숨을 쉬지 않았다.
얼굴, 얼굴……

피는 가슴으로 사무쳤어도
육신은 기억술로 변해
그 사람의 삶은 환상幻像과 외상外傷이었다.
그의 삶은 작업을 품고 있었으며
삶은 애초에 간단했고, 차후에 간단했으련만,
사람을 보낸
작업실에서
순간순간 기억을 떨구고
그러나 그것을 아는지 모르는지
이야기하지 않는 그 사람을
사람들은 사람이었다고
말하기도 했으련만.

돈, 돈으로 돌고

相像, 상像으로 상傷한
그 사람은
제 실내를 떠나서야 웃고
인형人形같이 눕는다.

그 사람의 실내는 필경 누워서
광대처럼 엎드렸다 서성거리기도 했겠지만.
시절이 바뀌어 떨어져 나감에 미칠 듯도 했으련만.
한 근 두 근 살을 잃고
또 한 푼 두 푼 잃고
또 한 발 두 발 잃어
인형 같은 인형을 남기며

흔들거리는 목소리의 슬픔

'살아온 만큼의 아름다움', 예전엔 목소리로 떨구었는데, 요즈음엔 뇌리에 새겨지는 말이다.

생각은 너무도 쉽고 편하지만 말 한마디는 얼른 건네지 않는 20대! 하여 사람들은 늘 조심스러웠다. 그러나 40대에 이르면서 돈, 한 사람의 삶의 흐름을 얽어버린, 비의 몸짓이 되게 한다.

돈 없음과 돈 있음, 부족한 사람에게는 그것이 따라다닌다고 생각했지만, 돈 없는 갈등과 번민은 사람을 구속하고, 사람을 사람으로 있지 못하게 한다, 실존하지 못하게 한다.

회색의 거리가 가끔 사람의 비틀거리는 길을 껴안는다. 실존의 순간들을 실존의 욕망으로 변하게 한 것은 비가 사람 곁에 너무 가까이 다가왔을 때였다.

그러나 지금은 그런 비는 없다. 그저 잘 흘러가려는

사람이 따로 있을 뿐이다. 사람을 잃기 전에 '나'를 잃어갔다.

'나는 누구인가?' 생각할 때마다 사람은 '나'를 잃는다. 길을 잃어버린 그림자라고 말해야 옳다. 지금은.

사람은 원래 세 개의 색깔을 가지고 항상 서성거리지만, 40대 중반에 이르면 한 개의 색깔만이 시간을 따라 퇴색해, 사람의 자격을 잃게 한다.

사람, 빛깔을 잃으면서 물건보다 더 흔한 것이 되어 버린 사람, 사람과 사람의 나날이 저물고 있다. 석양 속으로 다만 캄캄한 밤이 되기 전, 가고 싶은, 머무르고 싶은 곳이 있어야 한다는 의식만 뇌리를 꿈틀거린다.

흔들거리는 목소리! 말이 되지 못하는 목소리는 슬프다.

가난함

나! 아프다. 남들에게 진실이든 거짓이든 떠나서.
가난하기 때문에.
비약이 어려운.
사람 속에서.

cf
이 글은 고쳐져도 좋다.
불완전하므로. 아프기 때문에.

말과 속말

언어의 구속성
말은 사람을 구속한다.
말은 상대방을 구속하고, 말은 나를 구속하고
말로 인해 모든 것이
조심스럽게 나를 구속한다.
말로 인해 사람이 두려워지고
함께 있어 어색하고
어색한 곳에 내가 버려진 채로 풍경처럼만 있어,
연락 안 한다고 너무 상심하지 마시라
속말을 하여도

젊다는 것은 뭔가가 있다.
젊은 것, 낯선 것에 대해 사람은 호기심을 갖지만
젊지 않아서 어쩌다 한 번씩 부딪쳐본다.
낯익은 후엔 새로운 것을 기대하면서
사람을 만나고 말을 하고,
말은 다시 내가 말할 범위를 구속하고
말할 상황을 구속하고.

나는 말이 끝난 후에 가는 길 위에서 생각해 본다.
'젊지 않은 나는 풍경만큼의 의미도 없는지 모른다.'
속말도 하거나 하면서

젊지 않아서 40대 후반의 어떤 이는 삶의 색깔을 갖고자
색소폰을 부는 것이 취미가 되었고
40대 후반의 나는 취미가 삶에 구속당할 만큼 가난하여
취미 하나를 잃기로 하자 했다.
길가에 어울리지 않는 듯한 집들이 뭉켜 있는 것처럼
나는 젊은 시절에만 사람들에게 어울린 사람이었는지 모른다.

젊다는 것은 뭔가가 있다.
나는 지금 낡은 사람이 되어 있다,
말은 요구와 충당이어서.
말을 충전하지 못한 채로.
사람들이 내가 있는 풍경 가까이 오지 않는 걸 보면.

연락 안 한다고 너무 상심하지 마시라
속말을 하는.

길을 걷다가

길을 걷다가
혼자일 때
단어들이 구르고
닳아져 버린 일상의 끝
저물 듯한 인생이 네 앞에 형상을 드리울 때

가거라
거리 색색의 사람들로 물들었을 때
사람 무섭지 않으니
어서 가거라

밤 깊어서
그림자도 눕고 싶은 방이 그리워지도록
사람 형상에 사무치면
가거라 어서
그 방에 가서
숨죽이고 귀 세우면서
잠들 때까지

사람 자취를 새겨 보아라

말 못할 그리움이
뇌리를 기웃거리고
말하고 싶은 말들만이
가슴을 파고들면
세월에 바람을 떨구는 밤은
사람 없는 고독에 시달리다가
홀로 죄를 짓더라도

다시 날이 새고 숨쉴 수만 있다면
세월은 그저 가는 것
사람이란 거리에 흔하게 구르면서
네 아픔 밀어낼 것이니

사람 없는 어두운 거리는
쫓기듯이 바쁘게 걸어
사람 그리워지는 네
고독의 방으로 어서 가거라

25년 전의 담배 한 모금과 세 잔의 술
- 박석준, 문병란

담배를 권했던 친구가
5월 연기만 남기고 떠나갔다

담배 한 모금과 세 잔의 술

그가 남긴 현기증을 안고
스무 살의 소년인 나는
술주정보다 먼저 실연을 배웠다

숨어서 나눈 그 우정
담배 연기 속에서 사라져 가고
나는 그해 대학교 1학년이었다
시가 무엇인지 모르면서 시를 쓰고 싶었던
슬픈 모방기 어질병을 안고
나의 몸은 최루탄 속에서도
꽃을 피웠고, 비 오는 날이면 나는
결강을 했다. 하얀색 빨간색
불경한 진달래는 조심해야지

형들은 감옥에 가고 나는 무서웠다
나는 가슴이 멍멍하였다 군인 출신 대통령
차례로 권좌에 앉았다 가고
나는 술이 늘지 않았다

담배 한 모금과 세 잔의 술

손가락이 누우레져도 태우고 태워서
나를 버리고 간 그 봄을 태우고 태웠다

새벽 한 시의 레스토카페
불은 꺼지고 영업은 끝나고
주머니 속 동전은 떨어지고
횡단보도의 빨간불이 나를 세웠다
아, 나는 누굴 사랑할 수 있는가?

꽃과 약, 청소

꽃이 피었네!
죽어버렸을까
하면서도 물 주고 물 주고
했더니, 딱 한 송이가!

화분에는 별 관심이 없었지만
나무에 피어 있는 빨간 꽃
동생이 소리치던
그 꽃이 보이지 않는다.

한 달 만에 누나가 찾아와
청소를 하기에
사우나 하러 간다고 나왔는데

갈비뼈가 두드러진 못생긴 몸
검어진 얼굴에 불만으로 돌아와 보니
누나 갔어, 한다.

누나가 뽑아버렸당께.
살림하는 사람은 난데
자기 맘대로, 말도 없이, 정신 나갔어!

나무만 있는 화분들 근처 나무도 없는 화분을 보고
급히 방에 가 보니
아침에 병원 갔다 사다 놓은 약이 없다.
오래된 헌 약도. 내가 정신 나갔지!

두 사람이 만나서
각자 다른 사람하고 말할 때

  산다는 것이 마음에 머리에 그토록 파고드는 것이어야 했는지!
  안다는 것이 사람들 만나서 화제에 적절한 말을 하지 못하여도
  그저 아무렇지도 않게 있는 것이어야 하는지,

두 사람이 만나서 말을 하다가 서로 눈길 잃은 자리
한 사람은 핸드폰에 문자를 치고
조금 후에 또 한 사람도 와서 화제가 바뀌고.

한 사람은 술집 밖으로 나온다.
여름이어도 해가 졌을 텐데 전혀 어둡지 않고
전혀 어둡지 않은데 건물들은 불을 켜고 있다.
핸드폰을 꺼내어 곁을 누른다.
08:02가 새겨지고
사람들이 길을 걷고 있다.
벌써 노래방 가자고?

여자가 애인인 듯한 사람한테 하는 말이 곁에 스친다.
사람 혹은 사람들이 밤을 찾아, 밤에 있고 싶어 걷는 걸까?
핸드폰 전화부에서 이름들이 흘러가고 한 이름에서 전화기를 누른다.
그냥 생각나서. 그래? 그럼 일 잘 보고.
잠시였으나 두 사람이 분리되어 다른 사람하고 말을 한다.

한 사람이 술집 안으로 다시 들어간다.
조금만 더 있다가? 그만 집으로 가야 하나?
유행가 가사 같은 것이 잠시 휘몰아쳤을지도 모르나
사람을 만났으나, 자리를 떠 잠시 길에 서성이는 건
적절한 대화를 하기엔 아는 것이 부족한 탓도 있으리라.
그 사람 만나고 싶은 마음 그대로 두고.

제2부

거짓 시

전화 목소리 – 숲 속의 비

"미안해, 친구. 내가 무심하더라도, 연락 없이 찾아와 주었으면 좋겠어."

밤늦게 술을 마신 듯한 목소리, 1년 만에나 듣는 목소리에 다음 주에 가겠다고 응하고서도 혹시 몸이 안 좋아진 걸까, 생각들이 나서, 바람이 강해지기 시작했지만 미룬다면 약속을 어길 수 있어서, 진주에 도착하자 택시를 타고, 숲 속에 몇 집 들어선 마을에서 집을 물어 찾았는데.

아침에 진주 간다고 나가셨는데, 연락해 볼까요? 아뇨, 택시를 어디로 오라고 부르면 되죠?

강한 바람을 몰고 후두둑 소리를 내며 거센 비가 쏟아진다. 열두 시가 안 된 오전 나무들 사이에서 나온 사람, 정원관리사라는 사람이 응접실에서 기다리라고 안내하는데.

진주에? 무슨 일로 진주에? 생각이 돌연 생각도 않았던 여자 형상을 떠올려낸다, 장미! 진주에서 산다는 말 들었는데, 3년 전에. 고등학교를 마칠 때까지 숲 속 서정마을에 살았다는 여자, 장미. 밀려올 듯한 생각을 닫는다.

나와는 너무 다른 삶을 살아가는 사람 희규. 예컨대 돈에 있어서, 혹은 선택에 있어서.

 태풍이 불고 비가 쏟아져, 경상도 산청 산골에서 택시를 불러 내려오는 길에 내 마음에 그을음이 남는 것을. 숲 속에 그가 산다는 집, 안벽 모퉁이의 벽시계 바로 아래 벽난로에 삶의 흔적으로 남은 그을음과는 다른 빛깔로.

 모든 흔적은 연상을 불러일으킨다 하지만, 사람, 사람 만나기가 인생에서는 매우 어렵다는 것을 다시 깨닫고는, 화요일 진주 터미널로 돌아와서는 도시에 내리는 비를 바라본다.

 도시. 장미가 도시로 떠난 지도 6년이 되는데, 전화를 처음 받고 도시에서 장미를 만났지. 6년 전 11월 비 내리는 밤 전화박스 앞에서.

 "선생님 집에 있고 싶어요."

 늦은 밤이라 데려갈 수밖에 없는 그녀, 처음 알게 된 게 그 며칠 전 나의 시 낭송회 직후였을 뿐인데, 술을 마시고 싶다며 냉장고에서 반 병 남은 소주를 찾아낸 스무 살 그녀. 무슨 사정이 있어 술을 마시는 걸까, 열여섯이

나 더 먹은 남자의 집에 있고 싶다는 까닭을 물어보는 그런 때 희규가 옆방에서 나왔지. 몇 달 전에 이혼을 하고 고독 때문일까? 가끔 찾아왔는데 아파하는 때도 있었어. 한 달쯤 지나 장미가 밤에 다시 찾아온 날엔, 그보다 좀 늦은 시간에 찾아왔지.

그런데 수요일인 오늘 밤 공터를 거닐다가 날이 청명하게 개어 있음을 알게 되어, 연관 속에서 갖게 된 예감에 핸드폰을 눌렀더니
"어머, 선생님! 그간 어떻게 지내셨어요? …… 저 결혼해요."
2년이 넘게 단절되었던 목소리가 흘러나온다.
이 시를 읽으면 선생님이 생각나는 것은 이렇듯 제게 이미지로 다가오기 때문일까요? 선생님을 닮은 지적인 남자, 돈이 있어 행복하게 해 주겠다는 남자가 프러포즈를 해 와서 무엇을 선택해야 할지……
어디론가 가야 할 사람이기에 다시 한 번 연락해 주기를 바란다.

라는 통화 이후로 편지도 만남도 목소리도 접할 수 없었는데.

 희규도 장미도 이제 먼 곳에 있다. 어떤 한 사람이 잊혀지는 데에 충분한 조건이라도 되는 듯이. 오늘도 어제도 아니 잊고 먼 후일 그때에 '잊었노라.'*, 하면서 나는 오늘 도시의 밤길을 걷는다. 어두워진 도시, 굴레지어 돌아가는 내 그림자가 벽 앞에서 문득 멈추었음을 본 것처럼.

* 김소월, 「먼 후일」에서.

비 한난가, 페카
– 차갑고도 뜨거운 집

아는 사람의 주변에서
나는 아직도 서성거리고 있다.
어색하게도
말을 보기만 하고 말을 하지 않는

그것이 어느 날부터일까.
이렇게 부적절한 사정이
뇌리에서 무척 떠돌아도
혼자 말을 했을 뿐, 혼자 말할 뿐인 나,
나는 어색하다.

나를 아끼던 사람을 잃고
어느 날부터일까.
진달래, 국화
의미 있는 듯 바라보면서
내가 가까이 가고 싶은 사람도 잃어버린 날이.

모르는 많은 사람들이

말을 하고 갔지만
아는 사람의 주변에 남아
밤엔 나를 아끼던 그 사람 생각이 나
무서움 간직한 세월 쌓으며
아직도 하루만 흐르는데.

아침이 되면
아는 사람은 또 어떤 사람을 생각하겠지,
나는 내가 아는 사람
모르게 떠나갈 것만 같은데.

술집에서, 그 밤의 메뉴
– 박석준, 문병란

이었다가 아니어버린 사람들 아닌 길에 두고
메뉴에서 꾸물거리다 나온 탕과 회
그 속에 그는 있지 않았다.

그가 어떻게 해서……?
나는 어떻게 하다가……?
그가 누구길래?

그와 나 – 우리들
동행의 숨결 번지며 짙어가는 나
또 하나의 얽히고설킨
새로운 안주와 메뉴를 씹으며

나는, 술을 따로 마시고
고독을 재확인하는 자리
술 한 잔을 권하지 못하고
밤! 절대고독을 위하여
술집에서 – 그 밤의 메뉴를 위하여

안 만나도 되니까 이후로 결코
찾아오지 마시오. 가시가 손끝을 찌르고
말이 가슴을 파고든다. 후회하는 밤
술이 목에 걸리고 말 주인의
모습이 가물거린다.

한 사람과 나와
지키고 싶은 무엇이
버리고 싶은 그리움이
비키고 싶은 고독으로
듣고 싶지 않은 소리들이
매미 울음소리처럼 윙윙거리고
날파리처럼 날개를 파닥인다.

이었다가 아니어버린 사람을 아닌 길에 두고
나는 술에 먹힌다, 자꾸만 혀가 꼬인다.

외면外面

나는 그 사람의 드러나 보이는 모습을 자주 대하여서
다시 나를 부르는 그 사람을 찾아갔지요.

그러곤 귀가하여 자야 하는 밤
그의 외면이 머리를 어지럽히더니
나를 대하여 속내도 털어 말 나누던 어느 날들의 모습을 떠올렸어요.

요 동네가 시가가 있어선지 괜찮은 동네여라.
뒤쪽에 천변길 알죠, 산책을 가는데 꽃들이 풀들이 얼마나 예쁜지 아요?
아파트 앞 푸르른 잎나무들 사잇길로 나가면서 말 건네던 그의 모습
카페로 함께 가면서, 어떻게 지내요, 말을 나누던 사람의 모습

다시 불러 찾아간 사람 되어 카페에, 바로 앞자리에 앉았어요.

그냥 머리 식힐라고 부른 거요, 차 한 잔 하시오.
간편하게 두어 번 말 건네고는
곧바로 스마트폰에 굴러가는 눈과 손은

신경 쓸 일이 아닌가요?
가난한 사람이라 차가 없다는 것을
택시를 타고 본인 아파트가 있는 동네, 카페로 찾아간다는 것을

나는 가치가 하락된 것인가,
나는 가치를 상실한 것일까, 10분이 말없이 간 것 같아.
꽃도 풀도 좋아하는 사람이 핸드폰을 좋아하는 것인가?
말을 기다리며 일어나는 생각 사이로 커피를 마신다는 것을

카카오톡을 하는 건가? 뭘 찾고 있는 걸까……, 통화를 한다!
커피 다 마셨소? 갑시다, 커피값은 내가 내요.

핸드폰을 닫은 사람, 그 외면을 그제야 인지하는데
오천만 원은 만들어 놔야 될 거요. 은퇴 후에 사람도 만나고 살려면.

헤어지면서 하는 말이
너는 살 만한 돈이 있냐? 드러내어 쓸 만한 내면이 있는 사람이냐?
인간의 밖으로 나타나지 않은 추상적인 속 부분을 생각하게 하네요.

거짓 시

1.
진실.
알고 싶었으나, '안들 뭐하랴?' 소리가 따로 뇌리를 흐른다.
삶이란, 그저 그렇게 있는 것 아닐는지,
어느 누가 진실을 얼마나 생각하고 살아가고 있는 건지!

시간이 너무 흘러 진실을 이제 알아냈다 해도 별 의미가 없다는 생각이 들 때
나는 나이고 너는 너인데, 왜 진실이 필요한 거지?

그저 필요할 때 잠깐 스치면 되는 거고 그게 진실 아니겠어?

흐느낌 속에 마음 아파함 속에 진실을 느꼈다고
어떤 날 누군가로부터 듣기도 했지만,
하필 진실을 아는 데에 마음 아파함이, 슬픔이 따라와야 할 이유가 어디 있나?

차라리 아무것도 아닌 것으로 살고 싶다만
 그런 사람일 뿐이라고 다들 말하더라도

 살아가기도 바쁜데, 생각은 왜 해.
 생각도 생각 나름이지, 그리워는 왜 하고 고민은 왜 하나?
 몸도 피곤하고 지쳐 있는데 정신까지 지치도록 애쓰는 게

 나는 '육신이 경쾌하면 머리도 경쾌하고,
 아무것도 생각나지 않을 때 그때가 가장 괴로움이 적을 때.' 라는
 생각을 하고 있지.
 혹 모르지. 이런 나를 오히려 정신분열증에 걸렸다고 말할는지도.

 아무튼 나는 진실을 모르고 싶어.

왜냐? 내 현실에선 진실은 순간성을 띠었을 뿐이니까.

그래도 일상은 지속적이었는데,
진실은 어떤 때는 자신을 매도하고 사라져 버렸던 것 같아서.

이게 진실의 패러독스 아닐까.

2.
진실이 없단 건… 너무 슬프고 삶을 무의미하게 만드는 거 같아 염…

의문의 날들

산다는 것!
어디로 가고 싶다는 것!

그것이 다만 세월이 되어 버렸음에

기항지가 될 것만 같았던 그날 그곳에 다시 찾아가
4년 4개월의 세월이 흘러갔다.

알 수 없는 사람 둘과
잃어버린 사람 둘과
과거가 된 사람 둘과
그리고 내 시절이 끝나가고 있음을 확인하고
나는 2014년을 떠나간다.

카프카*, 행크 윌리엄스**
아프다,
눈이!
감은 눈 속에

아름답고 젊은 사람 떠나간 흔적들
충돌하면서!
손이 저리고 차갑다.

불안과 소외, 사랑의 아픔과 절망
통증 오고
길을 가야만 하는데

'나 혼자였다'고 어린 시절의 나처럼, 하는 말을 들을 때가 있었다.
비교에 의해 고독은 성립되고
고독은 슬픔을 낳는다던데.

비가 왔던 오늘,
눈에 맺혀야 할 눈물이 세상을 적셨다는 것을,
비가 흐르는 길에서
내 삶의 우수가
사전 뒤져 찾다가 떨어낸 단어처럼 잠깐 머물다가 사

라짐을
  나는 보았다.

  고독하다고 자인하던 내가
  유심히 본 것은 바깥이었다.
  바깥에 서서 흐르는 시간은 나에게
  카오스모스처럼
  안으로 밖으로 굴레를 씌우려 한다.

  대체 이토록 시간을 살아간 나는
  이젠 우수를 가져야 할 인간 조건이 되는가?
  하고 의혹에 잠겨 보기도 한다.

  슬픔! 외로움은
  아무나 가져서는 안 된다는 것을
  새기면서

* 프란츠 카프카(1883~1924) : 인간의 존재에 대한 불안이나 삶의 부조리 따위를 파헤쳐 실존주의 문학의 선구자로 평가받는다. 카프카는 죽을 때까지 거의 주목받지 못했다.
** 행크 윌리엄스(1923~1953) : 컨트리 음악 역사상 가장 중요한 한 사람으로 간주되는 싱어송라이터이며, 대중음악 시장에서도 성공을 거두었다. 척추갈림증의 고통 때문에 아편과 모르핀을 사용하다가 심장마비로 죽었다.

비가 눈으로 변할 때

비가 눈으로 변할 때에도
만나던 그 사람이었지만
만나러 갈 수 없다.
아직은!
보여주는 늪을
더 보기가 싫어서

비가 눈으로 변할 때에
새로움에 기분 달라지던 나.
비가 눈으로 변했음을 알고 난 후
결국 '내가 한 짓' 이라고
그늘 속에 숨어 버린 그림자 같은 행위들이었다고
내가 규정한다. 규정해도
패러독스이다.

어떻든 만나러는 가야겠다고 내가 간 건데,
그 사람은 갈 데가 있다고 따라오라고
혼자서만 아는 곳을 따라오라고 한다.

따라는 가지만 따라가고 싶지 않는 어두움
흐르고서 내가 보게 된 그 사람의 늪들을
더 보기가 싫어서
만나러 갈 수 없다.
아직은!

즐기는 한 사람과 어두운 한 사람이 한 장면 속에
흘려내는 말들
암시, 혹은 괴로움 또는 즐김, 혹은 패러독스.
뜯고 음미하는 비닐봉지 속 불량과자
같은, 그 사람과 그 사람 속에 가두는 나.
나는 두 사람에게 다 미안할 뿐이다.
말 한마디가 상한 말로 뇌리로 돌아오는 것은 슬프기
때문에.

슬픔은 길에서 깊어지지

슬픔은 보통
사람을 만나고 꿈틀거리다가 길에서 깊어지지

외면만 보여준 사람이 나를 외면한 것 같아
길에서 깊어지지

외면만 보여준 사람은 나 말고 누구인가?
외면만 보여준 사람은 나 말고 없다

나는 아는 게 없어 사람들의 이야기를 듣고
사람들의 생각을 듣고

나는 가치 있는 내력이 없어
내가 본 아이들 이야기
내가 만난 아이들과의 사연만 즐겨 말한다

사람들은 생각을 나누기 위해 술을 먹고
생각을 얻기 위해 커피를 마시고

사람들과 깊어지기 위해 술을 따르고

할 건데 간혹 나는 지쳐가는 나를 위해
사람을 만나고
지쳐가는 나를 잃으려고 술을 마시고
사람들의 말소리에 취해 잊고 싶은 것을 잊게 되는

나는 두 사람 중 한 사람으로 자리에 앉아 있는 것을 어려워한다.
나는 상대방이 꺼낸 말에 충당할 말을 쉽게 찾을 수 없기에
내겐 상대방에게 전해줄 만한 내력이 거의 소멸되었기에

틈이 나면 간혹 나는 길에 나와 담배를 피운다
길에서 또 다른 사람이 떠오른다
슬픔은 보통 내겐 길에서 깊어진다

우산을 속주머니에 넣고 길을 나서는 것은

오늘 비 온다는 예보는 없었지만
양복 속주머니에 우산을 챙겨 넣고
문을 열고 아침 길을 나섭니다.

내 차가 없는 까닭이지만
말을 않고 내리는 비에
비를 맞고 걷더라고
말을 먼 곳에서 듣기 싫어서입니다.

1시간쯤 걸리는 먼 곳이라 7시 30분 차를 주로 타지만
어떤 때는 기사한테 일이 있어서
다음 차인 8시 차를 타야 할 때도 있습니다.

어쩌다 겨울에도 비가 온다는 예보가 있지만
우산을 속주머니에 품고 있어서
비가 와도 자유롭게 보행하며 상념하며
근무하며 휴식을 합니다.

우산이 있어도 비를 맞을 때가 있습니다. 비바람 몰아치는 태풍으로
우산이 까바지고 우산을 못 쓰게도 하지만
빨리 걷고 싶은 마음 가득하고 상념은 급변하여
근무를 할 방법을 찾고 퇴근 후의 휴식을 떠오르게 합니다.

대체로 가난한 까닭이지만
오늘 내가 우산을 속주머니에 넣고 길을 나서는 것은
비를 맞거나 바람을 맞거나 눈을 맞거나 안개를 맞거나 햇볕을 맞거나
맞는 그대로 자유롭게 살고 싶어서입니다.

석양에게

석양이 뉴스로 나올 때
꽃이, 돌고래가 뉴스로 나올 때
스마트폰이 뉴스로 나올 때
온난화가 뉴스로 나올 때
양태는 잘 모르지만 뉴스로 인해 인위를 신중하게 생각하면 되리라.
면식은 없지만 살아간 사람이 뉴스로 나왔을 때
면식은 없지만 살아가는 사람이 뉴스로 나왔을 때
면식은 있지만 근황을 모르고 어디선가 살고 있다는 것으로 생각할 때
사람 삶의 양태를 생각하게 되어 '나' 속으로 스며들어갔다고 생각하면 되리라.
어떤 사람은 사람이 싫어서 두문불출하고,
어떤 사람은 사람이 싫어서 사람 속에 되는 대로 들어가 보기도 하는,
21세기, 오늘날!
생각을 해보게 하는 것들이 많음에 좋다 안타깝다 어렵다 스스로 판단하지만.

- 사람을 자유롭게 살아가야 하는 존재로 전제하여 사람을 생각할 때가 가장 아름다운 생각을 할 때라고 생각해도 좋으리라.

전집 - 30년 후 노래방

나는 간다, 노래방으로
바람이 헤어지기 전 밖에서 더 있고 싶은 무렵

술을 먹었으니까
술이 쓸데 있을 거다.
부를 노래 선곡은 그냥 누구나 하면 되는데
쓸데없이 노래방에 왔구나.
마른안주, 과일안주, 안주가 갈 데 없구나.
여자가……
남자가……

혹시 알아, 10년 후엔
지금 부른 노래도 노래방에서 들을 수 있을지.
가수는 아니지만, 누구 전집 - 30년 후 노래방
속에 곡목, 날짜, 함께한 사람 따위로 분류하여
시작을 누르면 뮤직비디오로 흘러나올지.

나는 그렇겐, 목소리를 듣고 싶지 않아.

과학이 노래방에도 침투해서 사생활을 통제할 수 있거든.
당신이 그리웠을 뿐이지.
한국말인지, 팝송인 샹송인지,
상대방에게 간접적으로 말하고 싶은 건지
혼자 감정에 사무치도록 젖고 싶은 건지
왔다가 시간 끝나면 헤어지면 돼.

그래. 말도 하다가 노래를 부르면 되지.
밥을 먹었든 술을 먹었든 안주를 먹었든
뭣을 들었든 집에 온다는 당신
헤어지면 집으로 가는
열 시나, 늦어도 열한 시 전의 노래방이 좋아.

어떻든 노래방에서 했으니까,
우리에 관한 말

약국에 들렀다가 가는 길

이상 있어서 약국에 갔는데
약사는 처방약 조제 중이다.
"제자리에 갖다 놔야지."
소리를 듣는다.
아기띠 안 안긴 아기가 소리나는 쪽을 보려는 건지
소리를 생각한 건지 고개를 돌린다.
유치원에 다닐 법한 남자 꼬마애가
"네 엄마 알았어요."
반응하고 작은 소파에 올라가 가판대 제자리에 올려놓는다.
예쁜 그림 비닐봉지를.
약일까? 갖고 싶은 것일까?
"저기 장난감."
다시 소리가 나고 아기의 머리가 움직인다.
애가 어항 옆 소파에서 장난감을 챙긴다.
반듯하게 걸어오는 아이는 생각하는 듯한 얼굴이다.
"엄마 물 먹고 싶어요."
"찬물 먹으면 안 된다고 했지?"

엄마가 정수기에서 종이컵에 물을 섞어 준다.
뜨거웠을 텐데
"내려놓았니? 여기 젖었잖아."
아이가 다시 컵을 집어 들어 물을 마신다.
또래일 만한 여자 꼬마애가 살펴본다.

그 언니일 듯한 초등학생 3학년쯤 될 똥똥한 여자아이가
밖을 내다본다.
"수지야, 어디 가?" 소리를 내고
응, 엄마들이랑. 소리가 나고
약국 문 가에 여자 꼬마 애들 다섯이 엉긴다.
애 동생이니? 응. 귀엽다. 또 소리가 나고
양산을 쓴 엄마들이 안녕, 인사를 하고
세 소녀가 엄마들을 따라 큰길 쪽으로 간다.
"엄마 여기에 뭣 있어요?"
약 상자를 신기한 듯 살펴보는 아이에게
"뭣이 있을까?"

영희는 혼자 왔니?
네 엄마가 저한테 갔다 오라고 했어요.
영희가 문 닫아놨니? 더워 죽겠다!
아뇨 순희가요.
순희가 문을 힘껏 밀어 연다.
카드로 결제한 약값에 젊은 남자 약사가 사인을 한다.
"가자." 소리를 내고는 여동생을 챙겨 나간다.
약 나오셨어요, 하루에 한 포씩 30포입니다.

6월의 토요일 12시 무렵
단지 앞 약국을 나와 집 쪽으로 걷는데
몸이 이상하다. 다리에 힘이 없다. 늙어가는 걸까?
"할아버지는 일주일에 얼마 벌어요?"
소리가 들려온다, 영희보다 한두 살 언니 될 듯한 여자 애가
엄마 손을 잡고 걸어가면서 묻는.
이렇게 필요한 것들을 알아가는 게 인생 공부 아닐까?

국어도 어렵고, 공부하기 싫어져요.
실용음악과 가겠다는 조카 남고생 말이 생각난다.
혼자 길 가는 사람 있고 길 함께 가는 사람 있고
덥고 습기 있고 맑음과 흐림이 뒤섞인 여름날

제3부

세월 후 4월

불만의 겨울

바람도 좀 불면서
모호한 것들 사이에서
나도 꼼지락거리며 살아가는 겨울
아파트 경비원인 나는
예전에 아버지가 주인이었고 젊은 내가 점원이었던
식료품가게, 그 점포가 없어지고 슈퍼마켓 체인점이 들어선 건물,
앞길에 쌓인 눈을 이른 아침에 쓴다.
차들이 굴러가고 사람들이 지나간다.

나는 가게 앞에 칸나를 키우던 아버지는 아니지만,
나를 아버지처럼 생각하고
나를 '아버지처럼 생각하여' 돈 탈 때마다 멈칫거리는 아이들을 보다가
나는 '아버지'를 생각해 본다.
'그 사람은 아버지 같아, 나는 깊은 정을 둘 수가 없었다. 이 아이들도 아버지에게 정을 두기가 어려울까?'
그런 망설임을 할까? 저 애들도?

아버지는 어떻게 면도를 했을까?
해 질 무렵에 잠시 집에 들어온 나는
세면대 위 거울 속 희끗희끗한 구레나룻과 마주 선다.
(면도날아 무섭다.)

41 페이스북

어쩌다가 생각했을까? 그때
P가 있었다는 카페에 아직 P가 있을지도 모른다고
카페로 찾아간 그녀는

하지만 어제도, 오늘까지도
자아분열을 했다,
페이스북에서
사람이, 사람들이
그녀가

자기가 자기 진실을 모사했다.
사람이, 사람들이
자기가 자기 사진을 찍어서.

자기가 자기 사진을 찍어서
페이스북에 시간을 달았다.
사람이, 사람들이 사진사였다.
P를 찾아오던 그녀에게

그제야 P는 너무 흔한 '그 사람'이 되었다.

페이스북 분열하는 사진과 글 아래
좋아요
또 분열하는 사진과 글 아래
좋아요
사람을 기다리는 말이 멈추어 있다.

42 페이스북

개가 고양이를 물어뜯고
사람이 개와 고양이와 사람을
보고 있다.
보고 있는 사람이 사진을 찍었다.
그리고 말들이 흘렀다.

빛고을로에서, 이주한 베트남 태생 여자들
니토그레, 니또그래
아니 니토그레. 니또그래?
소리를 냈다.
니토그레, 니또그래 다 개념이 있을 텐데
지나가는 남자가 낯선 소리에 사진을 찍었다.

노래방에 도우미로 찾아들었던 여자 같다.
빛고을로에서와는 다른 얼굴이
페이스북에 꽂혀 있다.

몇 사람만 알아도 살아가는데

페이스북에 나타난 한 여자, 친구가 꽤 많은 여자
로마를 들렀던지
사람 없고 조용할 때 왔으면 더 좋았을 듯
한 성당 사진 속에 성당 앞에 오늘 날짜 사진으로 꽂혀
있다.

숨은 배

쿵, 터덩, 우당탕
뭔 소리지? 무슨 일이야?
몸이 휘청거리고 말소리들이 난다.
가만히 계십시오.
불안, 의혹, 소스라침, 움직임 들

배가 숨는다.
숨은 배 속에서 쫓기고
등 뒤에 빨갛고 노란 회오리치는 하늘,
목전에 솟아오른 바다, 유리창 바깥 구조되는 사람들.
진실이 배 밖 세상을 치고 숨고 있다.

숨은 배
밖으로 연결되지 못하는 소리
절규하는 소리
차갑다!
바다 속에서 눈물이 떨어지다 사라진다.

살 수 있을까요?
응. 네 이름은 향기로워서 세월을 거부하니까.
함께 있고 싶은 사람, 갖고 싶은 것, 주고 싶은 것
잊지 마라.
아빠, 엄마, …… 사랑해요, …… 선생님
가야 할 말이 배 속에서 떠난다.

숨은 배, 숨긴 세월
기관에 문제가 있었던 것으로 보인다,
화물을 너무 많이 실었다, 방향을 너무 틀었다,
구조를 하고 있다.
배 밖, 바다 위에 비가 내리고,
말소리들이 났다.

리얼리티

추웠던 어제 오후 추워하며 길가에 서 있는
50대의 마른 비정규직 노동자와
이야기를 나누었지.
6개월로 계약하여 월 백육십만 원에 4개월째 일하는
그는 IMF 전에는 작으나마 한 업체의 사장이었다고
했어.

눈이 바람과 함께 다가드는 아침 출근길
창밖엔 눈이 희끗희끗, 차는 시골길을 가는데
로또복권을 12년 동안 샀지요, 2등 당첨도 몇 번 됐지요……
TV에서 흘러나오는 소리, 듣고 싶지 않은 소리에 부딪치고는
영광터미널에서 내렸어.

눈이 내리는 아침 시골길,
사랑하는 사람과 걸어가면 좋을 것 같다,
몸을 움츠려 걷다가 생각이 들었지.

출근했을까? 한 시간을 운전하여 출근한다는데
짐 싸가지고 나왔다 했는데, 그 사람 생각이 뜬금없이
일어났지.

뭔 프로그램도 없어서 내가 안을 기획하여 보였더니
그런 식으로 일하지 마세요 하며 화를 내는 거예요.
젊고 꿈이 많던 대학 시절 다른 사람이 나를 사랑할 만큼
나는 가치 있고 아름다운 사람이었던 것 같아요.
서른두 살 부장한테 꾸중 듣고, 자존감은 잃지 않으려
했을까?

돈은, 밤이 되면 머릿속을 들락거리고
무엇 하다 50을 넘어버렸는지, 현실이
사람을 우울해하게 하고 생각하는 존재로 만들어버린
다고 털어놓던데.

조금 전에 사직서를 내고 갔다 한다.

나이 든 분한테 화를 낸 건 죄송하다고 전화로라도 말해 주면 어떨까요?
부장의 통화를 듣고 점심시간
질 높은 시간을 위하여
나는 눈과 바람도 맞으며 직장 밖 시골길을 걷고 있어.

가난한 비정규직노동자의 연말

9월에 구직하여 월 백육십만 원
4개월째 흘러가 어느덧 연말이다.
눈이 휘말리는데 돈이 없다.
몸도 말이 아니다.
178센티 55킬로 때 어렵사리 구직하여
직장을 잃은 지 2주 만에 50킬로도 안 되게.
'돈이 없음'이 의식되면 살아가는 걸 생각하게 된다.
내년 3월에는 또 어디로 흘러들어야 하나.
 돈이 없음은 멈칫거리게 하고 사람을 쫓기는 사람 되게 한다.
 돈 없다, 돈이 없어서 내가
좋아하는 것들을, 문화생활을
다시 중단해야 할 것 같다.
아들은 다음 달에 군대 간다지만
밤이면 돈을 쏟아내는 도시의, 상가의 문화의 불빛들
속으론 못 가나, 집에서 대화라도 해야 할 것이다.
살아가야 하므로
욕망들을 하나씩 버려야 한다.

만족스럽고 가치 있고 세상을 아름답게 하는 것은 무엇인가.

생각도 하고 생활을 축소시키고 다람쥐가 되게 하는 돈 없음

겨울, 생계를 유지하러 구직하러 가는 길, 쌓인 눈길을 걷다가 발이 얼고 시리다.

산다는 것은 음식을 먹고 설거지하는 하루

산다는 것은 물 먹고 하수구로 빠져가는 말

산다는 것은 집에서 나와 돈을 구해 집으로 돌아가려는 것

만족스럽게 산다는 건 만족스럽게 집으로 돌아가려는 것

밥 안 먹고 살 수만 있다면

돈 없음의 구속이 줄어들 테지.

돈이 삶을 만드는 세상

돈이 날아다니는 것이 보인다고?

50 중반길에 들어설 나
3월엔 돈 벌 수 있는 곳을 구해야 하는데…….

세월 후 4월

떠나겠어요.
꽃 피는 4월에 만나서
공원길로 함께 거닐었죠.
풋사랑일망정 맺은 사랑,
조심스럽고 갈구하는 눈빛
초원 위의 나비, 파동치는 젊음의 빛이 아름다웠을 텐데

밤 12시가 되어 가는데. 곧 또 하루가 오고
진실도 아름다움도 구별하기 어렵게 그 4월이 옛 4월로 지나가
너무 혼돈스러워요.

떠나겠어요.
인터넷 속으로 사람들의 눈길 끄집을 만큼
이미 세상은 변해 버려서.
떠나는, 떠난 사람 앞에 서 있지 못한 건
인사가 아니지요.

출퇴근하는 것 말고는
홀로 어디를 가지 못하는 힘없는 시절이라 해도
해마다 여름이면 장마가 졌어요.
사람을 잃어간 밤들이
가슴에 남아 애수가 되었다 해도.

몰랐다가 어느 날들을 만나 시절이 한 번 흐르고,
알았다가 어느 한 날을 못 만나 지금의 새 시절은 힘이 없어요.
돈이 사람들 옆에 구르고, 아직 청춘이 돈 따라 흐르는 걸
보았지요. 그러곤 알았어요, 사람이 오지 않으면 떠난 것이라는 걸.

어느덧 50대 후반에 이르러
열여섯 살의 육체와 열아홉의 사색만이 의미처럼 남게 된 채
뇌리에 사람 몇 스치우다가

또 한 밤이 가고 있어요.
한 사람이 세월에 흘러가고 있어요.

콤플렉스 트라우마 - 트래픽 스트레스

콤플렉스 트라우마 - 트래픽 스트레스
그 여자 때문에
꿈틀거리는 것들
콤플렉스 트래픽, 트라우마 스트레스
그 여자 때문에
분리되는 것들

4월에 5월에
내 기억 속에서 살아나는 님
그 님을 생각하는 노래는 부르지 말라
그 여자는 요구했다.
내 님도 아닌 그 여자는 힘이 있어서.

니가 돈을 냈고 니가 사람을 만났더라도
돈도 사람도 너는 관리하지 마라.
꽃이 피어나서 지면 계절이 바뀌고
사람은 가고 말이 바뀐다.

듣기 싫으면 딴 데로 가면 될 것을
평상시는 해외여행도 자주 가면서
다른 사람 소리 따윈 듣지도 않으려면서
그 노래를 부르지 마라
너는 사람들과 섞이지 마라
너는 돈을 적게 받아도 된다
그 여자가 그런 말들 뒤에 서 있다.

그 여자는 말을 대기시킬 때마다 해외로 여행을 갔지만,
외상과 내상을 입은 육체!
내가 알고 지내던 그 사람들은
어디로 갔는가?

떳떳하지 못하여, 사랑함에도 흥미를 잃어야 할 듯하고
사람처럼 산다는 게 사람답게 사는 것일 수만은 없다
고 생각은 이미 이십 년이 넘어버린 옛날에 일어났지.
 하지만 나하고는 층이 다른 부류 사람들의 삶을 생각하게 되면

나의 삶은 돈 세상에 불쑥불쑥 애환이 생길 것 같아,
콤플렉스 트래픽 – 트라우마 스트레스

메르스, 뉴스가 되어

세월호, 연금법 어쩌고 떠들썩하더니
메르스, 뉴스가 되어
감염될 듯한 말이 불쑥불쑥 들려왔다.
확진자, 사망자, 소식을 듣고
긴장을 하였는지 또 머릿속에 미열을 느낀다.
격리를 해야 한다, 할 필요 없다,
잠복기가 며칠이나 지났을까.
발생한 병원을 공개하느냐 마느냐,
TV가 뉴스를 전파하는 모양이다.

아산 병원 서울의 뭔 병원
감염자가 거친 곳이라 알게 됐지만
폰에 상표의 친구가 나타나서 다운받아서 기분이 아주 좋았는데
프로필 사진을 보니 내 눈이 너무 아프다.

내 눈이 사막의 가뭄처럼 쪼각쪼각 벌어지는 기분이었고

내 눈이 자막의 글자처럼 쪼각쪼각 사라지는 기분이었는데
내 눈이 너무 아파 병원에 가고 싶어서 어떡하지
생각을 했다. 그리고
상표의 페이스북을 봐서 너무 아파서 여자를 봐서 흥분을 해서
기분이 좋았는데
또 미열을 느낀다. 메르스가 문득 머릿속에 떠올라 긴장을 한다.
다시 눈이 아프고 어쩌면 기침이 나올 것 같다.
병원엘 안 가야 할까.

출근해야 할 화요일 아침
마스크를 쓴 여자가 19번 타는 곳을 기웃거리거나
터미널 TV에 눈길을 주거나 한다.
저 여자가 안 타면 좋을 텐데.
망설거리는 시간을 따라
뉴스가 TV에서 나와 건습한 안막을 조각조각 스쳐 간

다.

  광주 유니버시아드 북한 불참
  한일 외교정상화 50주년 행사, 교차 참석
  장마 올 듯

비와 돈과 길

비가 오는군요.
어머니는 비 오는 소리를 듣고
우산 없이 출근한 서른 살
선생을 또 생각했을 텐데.

비가 오는군요.
비가 조금씩 떨어지는 그제 저녁
30분에 술 한잔할 친구가 온다며
피아노 학원에 들러 한 20분 연습한 쉰여섯 후배 선생 떠오르게.
십 년 전쯤 스무 살 아이 빗속에서 길을 묻던 장면 떠오르게.

허나 7월인 지금이 장마 속이라 해도 비는 또 가겠지요.
10일 낮에 축령산 휴양림 치유의 숲에 놀러갈 사람들은 상관없겠지만.
8월 8일에 거문도를 탐방할 그 선생,

백합죽 점심을 비가 오는 낮에 먹고는
　유럽 가고 싶어, 먹고 싶어 호밀빵 하고서
　8월 휴가철에 동남아 1주일 여행 가기로 한 30대들보다 먼저.

　이젠 비가 개어서 푸른마을 진입로에서 우산을 접습니다.
　상점들 앞 인도에 다닥다닥 붙어 쪼그려 앉아 있는 노파들은
　다라이에들 담긴 채소, 채소 같은 것, 반찬류에 손이 가 다듬거나 합니다.
　유니버시아드 한다고 단속하는지 바로 아래
　운암동 큰길 가 반찬 파는 노파라든가 노점들은 며칠째 보이지 않는데.

　산다는 것, 어디론가 가서 먹는다는 것인가 봅니다.
　여행 가서 먹는다는 것 쓸 돈이 있어야 하는 것
　쓰려고 일자릴 찾아서 버는 것…….

쪼그려 앉아서도 돈을 번다면
산다는 게 그런 거지 규정도 하면서 나는 저물 무렵의 길을 걷습니다.

휴가철의 사람들

 모르겠어요. 일어나자 곧 시를 읽고 무엇인가 일을 하고 싶어 컴퓨터를 켜고 작업을 하는데, 걸려온 전화에 내가 행로를 바꾼 까닭을.
 운암동 시장으로 갈 테니 저녁 사 주라는 소릴 들어서 집을 나선 게 충동 때문인지 기대 때문인지.
 그곳 국밥집에선 좀 있으면 후배도 온다니까 그때 술도 한잔 하자 하는데, 모르겠어요, 몇 달 만에 만나서 후배에게 내가 무슨 말을 건네야 할지.
 1주일 휴가 기간에 피서라든가 여행 안 할 생각이라는 후배가 술국을 안주로 시켰죠. 테이블의 네 사람이 모처럼의 만남에 진지했어요. 친구가 문득 전복 싸게 살 곳 아냐고 말을 물은 바람에 꼬치꼬치 캐묻고는 좀 당황했어요. 그 아내가 아프다는 소릴 듣게 되어서.
 이제, 술자리에서 나와 택시 기사한테 푸른마을 3단지요 하고서 바로 수정하여 3단지 입구 편의점 앞에서 내려 주세요 한 게 떠오르네요. 편의점 들어가 아이스크림 하나 고르면서.
 한데 집이 5분만 걸어가면 될 곳에 있어서 길에 앉아

그 아이스크림을 먹고 싶어합니다.

집에 가면 내가 먹을 아이스크림은 아예 없는 걸 알았으니까요.

아이스크림 길에서 먹으면서 생각을 하게 되었어요. 지금 집 냉장고에서 아이스크림 빼서 먹고 있을 아이들은 아빠하고 같은 세상을 살아가고 있다고 여기는 걸까?

아이스크림 하드 팥빙수 이런 것 내가 중학교 들어가자 곧 선호하는 달콤한 먹을거리였죠. 고교 시절엔 제과점으로 가 그걸로 외식하고 미팅하고 데이트하고… 경험도… 갖고 했지만, 삶이란 먹는 것만으로 이루어지는 건 아니었습니다!

아이스크림 먹다가 고교 후배 생각나 전화를 걸었어요. 이탈리아. 이탈리아에 가 있다는군요. 2주일 휴가 여행하러. 그래 곧 전화를 끊었지만 아이스크림이 녹은 채 아직 남아 있었어요. 아프다, 돈이 없다 … 이런저런 생각 마구 일어나고 불안한 마음도 생기고. 벌레 같은 생각 마음을 없애려 집을 향해 걸음을 옮겼죠.

모르겠어요. 택시 기사에게 갈 곳을 말하다가 갑자기

아이스크림이 떠오른 까닭을. 아이스크림 먹고 싶은 충동이 늦은 밤일망정 따로 뭔가 정리를 하고 싶다는 기대로 변하게 되는데.

죽음의 뉴스
- 서울에서, 젊어서, 2016년

월에 129만 원을 벌어도
144만 원을 벌어도
내일, 내 일을 생각지 않는 사람이 있을까?

내게 어려움 없이 내일이 이루어진다면 좋을 텐데.
내게 두려움 없는 내일이면 좋겠는데.
때로 일어나는 일을 깨달아 이런 마음 일어나도.

그렇지만 살아가려면?
중요한 이 생각을 가지고 사는, 일터에서 일하는

젊은 여성이 강남역 인근에서 피살되었다.
어린 스크린도어 유지보수 기사가 사망했다.
일을 하다가, 그날 일을 마치고
나 갈 곳이 있어서 문을 열고,
문이 나 갈 곳을 막아

지하철역에서, 노래방 공용화장실에서

발생한 죽음
뉴스가 되고
뉴스가 사람의 감정을 찌르고 생각을 일으킨다.

자살하는 사람이 아파트 옥상에서 떨어지면서
어떤 아빠를 덮쳐 같이 죽었다.
산에서 늙은 사내가 일면식 없는 부인을 죽였다.
죽음을 보도하는 뉴스

젊은 여자가 정신병 있는 남자에게
어린 청년이 지하철 열차에 치어
서울에서, 젊어서
죽음의 과정을 분석하고 보도하고

때 이른 죽음이
사람의 감정을 붙잡고 말을 부른다.
서울에서 지하철역에 글을 남겨 붙인다.
지하철역 출구 벽에 붙은

글이 담긴 포스트잇을 보고 글을 남긴다.
돈을 벌기 위해 서울에서 일하는 사람이 죽고
그런 사람이 죽어서 현실에 대해서 말을 하고
'아직 해석할 수 없는 사연이 신의 저편에 있었다.' *
와는 다른 죽음의 의미를 해석하고

밥은 먹어야 하고, 컵라면으로 때우더라도
일 끝나면 달에 한 번만이라도 사람 만나러 가고
내일을 위해 쉬어야 하고

살아가는 사람, 살아 있는 사람은 지하철을 타고
문이 열려서 나간다.
스크린도어

* 박석준, 「어느 모델의 죽음」에서.

푸른마을 부근

어쨌든 푸른마을은 문화도시 안에 있지요.
마을 진입로 가엔 블록보도인 인도가 곁에 건물들을 세워 놓고
사람 지나다니게 하고 있어요.
건물들 1층에 들어앉은 과일 가게, 떡집, 꽃집, 서점, 카페, 약국까진 상점인 것 같은데
헤어샵인지 미용실인지하고, 2층이나 3층에 있는 학원, 도장, 병원에서는 사람만 취급하지요.
4층의 당구장, 지하의 사우나, 다 건물 안에 있고
코너 1층엔 편의점이 있어요.
인도엔 바구니나 박스에 담긴 배추, 무, 부추, 양파, 호박, 감자, 이름은 모르나 채소,
채소를 파는 자리가 드문드문 있지요.
아주머니나 몹시 마른 할머니와 함께.
편의점을 돌면 안경점 앞에 횡단보도를 낸 큰길이 있어요.
큰길이라 더 큰 상점이 있을 것 같은데 없고,
큰길이라 지하철을 놓을 만도 하지만 지하철은 없어요.

찜질방, PC방도 없지만
우체국, 동주민센터, 지구대, 소방서, 초등학교, 은행 하나쯤은 있는
그냥 큰길이지요.
사람 사는 집, 아파트는 학교 양편으로 단지 몇 개로 들어섰으나
아파트 옆 인도엔 은행나무들만 있어요.
단지 뒤편엔 산책로가 언덕 같은 산 아래로 나 있어서 공기가 좋은지
꼬마고 어른이고 남자고 여자고 밤엔 운동하는 사람이 많아요.
밤에 외식할 수 있는 식당 몇 개, 사람 만나 이야기하는 술집 몇 개도
불빛 따라 찾아가는 사람 있지만.
평일 아침에 7시가 되기 전에 차를 몰고 어른들이 나가고
주말 낮에 문방구에서 아이들이 물건을 사가지고 나오면서 재잘거리는

간혹 차를 몰고 식구끼리 단지 밖으로 나가는

그렇지만 그것이 여기에 없는
그것이 여기에 있다 해도 서울 쪽보다 늦게 흘러온
그런 정도의 문화가 푸른마을에 있어요.
정책이 없어서인지 돈이 없어서인지 알 수 없지만

신

이토록 서둘러 어디로 가는 걸까?
강아지신발 신은 저 개
지하철 주변에 흩어져 있는 신 주인, 몰려든 사람들

신이!
도랑물 따라 흘러가는 신을 잡을 수 없어
불안해하고 안타까워하며 보았는데.
장마철 고무신을 가지고 도랑에서 신나게 놀다가

대학 시절 마루에 가지런히 놓인 고무신 한 켤레
우리 엄마 못 봤어요?
검은 세단차가 낮에 집 앞에 대더니 실어가던데……?
뭔 일 있냐고 만화가게 아저씨가 물어보고
중정부에 끌려간 엄마 찾으러 서울로 동생이랑 올라가고.

살다가 다리가 오그라들었어도 신을 신고
쉬엄쉬엄 걷던 어머니가 겨울에 뇌출혈로 쓰러져 가고

털신만 남아
이사 온 아파트 베란다에 아직 놓여 있는데.

신이!
없어졌네. 동생도 보이지 않는다. 핸드폰도 사라져서 불신을 하고
불안해도 맨발로 눈길을, 공사 중인 길을 걸어간다.
가다가 버려진 구두 한 짝, 슬리퍼 한 짝 생기어
신고 조금은 편안하게 걸어가다가
꿈에서 깨었는데

신이 없네.
신이 보이지 않는다.
신경이 쓰이고 생각도 하고 살펴보고,
신을 찾았어도 며칠 전에도 꾼 신
어머니 사후로 간혹 꾸는 신
잃어버린 꿈 생각도 나서
뭔가 불안하게 하는 것 같아

신을 신고 식당에서 나와 밤길 나서면서 조심스러워진다.

어디로 갔지?
먼저 나간 사람 불신을 한다.
곁에 있어야 할 사람이어야만 하는 듯이

제4부

커피를 마시는 사람들

화분의 꽃

집에서 기르건 꽃집에서 기르건 그 주인은
화분의 꽃이 아름답거나 좋은 상태로 보이기를 바란다.

12월 초순 즈음 도서실에 찾아온 아이
화분의 꽃 같은 사람 인상을 주는데
관리자인 내게 도우미로 활동하고 싶다 한다.
이틀쯤 지나서는 분위기가 삭막하니
카세트가 필요하다 실내장식이 필요하다
손님을 위한 커피도 필요하다고 한다.
커피, 커피 기구를 마련하자 그는 커피 끓일 물을 떠오
는데,

한 사흘 물을 떠왔을 뿐, 카세트라든가 실내장식은 언
급했을 뿐
2주일이 지나고 수업을 마치고 온 오후.
도서실에 친구들인지 대여섯 명이 인터넷을 하고 있고
그 애는 컵라면을 먹으면서 왔다 갔다 하고 있다.
화나게, 찾아온 의도를 생각게 한다.

남에게 자기 세계를 보여주려는 표현의 욕구 때문일까.
화분의 꽃처럼 자신의 가치를 상품성으로 인정받으려는 것일까.
외로움이 싫어서일까.

자기가 주인인 카페를 소개해 주기까지 하여서,
내가 주인인 카페를 보여주었더니 그날 밤 인사말을 올리기도 하여서,
자신이 쓴 글들을 이따금 건네주기도 하여서
글 쓰는 감각이 신선하고 괜찮다는 느낌을 받아서,
그의 말에 진실성 있기를 기대하는데

그는 나쁘지 않은 사람이다.
자기실현을 지향하는 글을 올리고 곧바로
자신의 현 상태를 반성문 쓰듯이 써서
내 카페 게시판에 1월 30일에 글로 올린 사람이다.
어느 시간까지 나만 보라고 올린 것으로 생각할 수밖에 없는 글을.

7월이 막 시작된 어제 반성문 같은 글은 지워버렸지만.

그는 이제 꼬마가 아니다.
나는 그에게 카페의 특별한 존재로 대접할 이유가 없다.
그는 자신을 카페의 가장 특별한 존재로 대접해 주기를 요구하지만

관계란 깊이와 폭과 질을 가지면서 진행되는 건데,
자신의 마음대로 관계가 형성되고 유지되기를 바라고 있으니,
모순된 생각이다. 그래서 그는 아직도 꼬마이다.

화분의 꽃 같은 사람.
꽃집 화분의 꽃같이 주로 남에게 아름답거나 좋은 상태로 보여야 하는 상품으로
자신을 만들어가고 있는 건지 어떤 건지 아직 알 수 없는

추억

세월은 가고 고교생은 변하는 것!
봄날 홍기라는 아이가 처음으로 반 카페에 메모를 남기고
송이라는 소녀가 '천리향' 화분을 교무실의 담임 책상 위에 올려놓고 글을 남기고,
천리향 향기는 아마 한 달쯤이나 흘렀으리라.

덥고 끈적끈적한 여름날, 영심이가 창가의 지저분한 것들을 치워내고 편지를 전하고
편지를 읽고 수능문제집 몇 권 사 주고,
공부 잘하는 형만 편애한다고 남자애가 아버지 차를 훔쳐 가출하고.
9월이 오고,
록 밴드가 되겠다며 야자 빼 주라는 상우, 재윤이, 민철이
교회 빈자리를 빌려 연습하는 상황을 보고 나왔는데,
인터넷으로 연락이 된 아이를 만나러 소낙비 속 어둠에 내맡기던 나의 발길!

리나가 제 슬리퍼 뺏어갔어요. 저는 왕따예요 하고는 짓는 미소가 순수하다고 느껴져
 승철아 넌 잘생겼구나, 라고 소감 전하고
 홍기한테 친구하라고 권한
 내가 있어야 하는 그곳에서
 가출하고 돌아온 애를 아빠가 서울로 전학 보내고
 이렇게 아름다운 시간이 가고,
 다가올 가을, 그러다가 겨울이 올 것이다.
 어쩌다가 만난 사람들 속에서의 나의 또 다른 한 시절은 추억으로 사라질 것이다.

 부부가 교수이나 자식 뜻을 존중하여 홍기는 직업군인이 되고
 영어교육학과를 졸업한 송이는 교사 꿈을 접고 학원 강사가 되고
 부유하나 영어만 좋아한 영서는 호주로 유학을 가고 돌아와서는 문화원에 통역사로 일하고 있다는데.
 재윤이는 음악학원을 차리고 결혼을 하고 공연도 하고

공부하기 싫어하고 결석이 잦았던 리나는 엄마가 되어 두 애의 커 가는 사진을 페이스북에 올려놓는다.

사학과를 나온 승철이는 경찰 공무원 시험공부를 하고

가출한 아이는 아빠가 준 돈으로 주유소 사장이 되어 직원을 쓰는데.

소녀 가장이었던 영심이는 서울로 대학을 간 후 어디로 갔을까?

살아간다는 건 무엇과 함께하고 싶어함일까?

의문들 속에 9월이 오고 10년도 넘는 세월이 가고

수업 시간인데 왜 이렇게 돌아다녀? 선생님, 다시는 안 그럴게요.

봄날 처음 만난 사람인데 이상한 대화를 하고

6월이 오고 아침에 퇴직원을 내고 그 아이가 찾아오고

저 전학가요, 밥 사 주세요. 잊지 않을게요.

말을 털어낸다. 비가 그치고 다음 날 낮 짜장을 같이하고 나오는 내 발길이 무겁다.

어느덧 내가 '모르는 사람처럼' 되어 버린 것 같아서

사람은 가고 시절은 남는 것,

오늘 밤엔 추억이 추억하는 단 한 사람을 지난일로 훗날로 끌고 가, 훗날 일을 모색하다가

세상과 교육, 인생과 사회, 사회제도, 꿈, 욕망, 돈, 사람에 대하여 생각하다가

그 모두가 어디로 가야만 하고 어떻게 흘러가 버렸는지 ―

의문!

Questions ― 맨프레드 맨스 어쓰 밴드*의 음악이 내 뇌리를 짙게 파동친다.

---

  * 맨프레드 맨스 어쓰 밴드(Manfred Mann's Earth Band, 1971~) : 런던에서 결성된 록 밴드. 「Questions」(1976), 「Blinded by the Light」(1977) 등의 곡을 남겼다.

산책길에 때로 둘러본 인생. 2

학교에서 나가면 길이 있어요.
쭉 뻗은 길 얼마만 걸어가면
마트 그 앞에서 갈린 길, 그 길 따라 걸어가면
큰길 건너편에 터미널이 있지요.
점심때면 아이들이 그 갈라진 길로 많이 나와요.
밥 먹으러 가거나 뭐 사 먹으러 가는 게 마땅하겠죠.

나는 쉬고 싶은 점심때면 일단 갈라진 곳까지 걸어 봐요.
더 걷다가 터미널로 갈까, 그냥 터미널로 갈까
날씨라든가 길의 상황, 몸 상태를 판단해 보지요.

여름이라 무더워서 쉬 피로하고 다리도 아파서
오늘은 약국에서 피로회복제 먼저 사 먹고 건넜어요.
터미널 옆이 시장이지만 인도에도 노점들이 늘어앉아 있어
같은 방향 다른 방향 나오는 사람 들어가는 사람
말하는 소리 걸음 소리 사람과 소리가 범벅인데

큰 소리가 입구 술집 쪽에서 났어요.

"뭐 같은 세상에 내 사는 꼴이 이래도 내 인생 내가 살아라."

놀라서 듣게 되었지만

인생? 내가 살아? 쉬고 싶은 내 머리가 소리를 여과했어요.

상념을 만들었어요. 인생! 너무 간결하게 그려지는 살아감.

일상도 아니고 생활도 될 수 없는, 옹색한 하루살이 같은

그것과 같지 않다면,

자판기 냉커피를 뽑고 대합실 벤치에서 쉬는 행복함.
"커피 마시게요."
직행버스에 승차하러 가면서
핸드폰으로 통화하는 젊은 여자의 말소리.
맥락을 알 수 없이

'스토핀', '머크라타카' 이런 타언어처럼 새겨져.

그립네! 보고 싶어! 말 한마디보다
곁에 존재한다는 게 더 좋겠지요.
두 사람만의 만남엔 먼저 말을 못 건넨다 해도.

나흘 전 '그립더라도'라는 말을 지운,
선생님의 생각대로 더는 뵙지 않겠어요, 답장
편지를 보내고서 오늘 다시 낮 산책을 나왔어요.
돌아가는 길에서 말소리를 듣게 되네요.

"뭐 사러 가작해? 나보고?"
"그래서 돈만 쓰고 있어."
"아, 밥을 먹었는디 배가 안 꺼져. 오매 무화과 나왔네!"
"나물이랑 생선."
영광터미널시장 앞 노점 바구니들 속을
눈요기하던 아낙 둘한테서.

비, 가난한 학교

그 농촌, 아저씨의 모습이
아저씨가 입은 옷과 닮았을까
허름하다, 농촌 아줌마가 허름하다.
농사일을 했을까, 허리가 휘어진 아줌마가
약국으로 들어간다.
약국 앞 사거리 전봇대와 가로등 사이
학교 이전 반대 현수막이 걸려 있다.
낯설다, 약국에서 나온 아저씨가 절며 걷는다.
노인 같다.
절며 걷는 앞쪽이 바로 논들, 그 너머 자그마한
역사가 있다. 헐거워 보이는
"선생님, 저 컴퓨터 사 줄 수 있어요?"
"컴퓨터? 아빠한테 사 달래지."
"얘 아빠 없어요. 저는요 개 사 주세요. 애견."
말이 낯설다, "전 엄마가 없어요. 그래서
대학은 못 가지만, 바리스타 되고 싶어요."
낯설다, 현실이 어린 사람 곁에 있다.
작은학교 살려내자 투쟁 투쟁

사거리 가로등 쪽에서 구호 소리와
깔리는 저물녘.

정책이 떠나게 했다.
그러고는 정책이 또 떠나라고 한다.
돈을 던질 만한 곳이 아니었을까
부근을 살펴보고서
풀 나무만 흔한 땅을 어쩔 수 없어
그 애 아빠는 떠난 것일까?
반짝이는 큰 것에 뭉개져 버린
작은 것
농촌, 소촌, 한촌, 빈 촌을.
폐교되면 가족이 분열될 수도 있는데
작은 것을 더 작아지게 할 수도 있는
인위, 그것은 지금 그 농촌에
스마트폰도 구워내면서
애견, 컴퓨터, 바리스타를 부르고 있다.

-에 마음 쓰고 있어서

묻기가 어렵다. 나를 아는 사람 만나고
'나'는 먹고 살려고 살아가려 했으나

넌 -에 마음 쓰고 있어서

자판 만나면 굼뜨고
자판기 보면 커피를 보통 뽑는
군것질하다 온 사람,
택시비를 내고 온 사람 되어서.

나를 아는 사람
'좋아요' 묻는
페이스북에
주로 삶의 시간을 남기고 있어서

Re: -에 하고 있어서

너는 누군데?

그래 나는 카카오톡
페이스북
한다?
그렇게 생각하거나 말거나.
나도 나를 심각하게 알고 싶지 않은
넌 누군데…

나는 나쁜 사람인지도 몰라
- 밤과 서정과 낮

나는 나쁜 사람인지도 몰라
아니, 나쁜 사람이다.

스마트폰에 의존하며 활동하는 아이들
뉴스에 부딪혀도 흘려보내는 성인들
날마다 흔하게 보지만

자판 다루기엔 굼뜨고
자판기 보면 커피를 보통 뽑는
글자 몇 자 치다가 군것질하고 온 사람,
종착지를 모르는, 잊어버린 기사에게
미터기, 빛나는 숫자에 따라 택시비를 내고 온 사람 되어서.

나는 나쁜 사람.
나무가 밑이 있어야 자라고
꽃이 위에서 피는 걸 알면서도
밤 아파트 옆 숲 사이 산책로에 들어서면 숲이 무서워

빨리 걷는 사람.
줄기 없는 나무가 얼마나 흔한지를 모르는

해직교사는 조합원이 아니다 하여
선봉대로 투쟁하러 간 사람들이 토요일 밤엔 돌아왔겠지만
전교조 법외노조, 기로에 선 민족 민주 인간화 교육
'말을 할 수 없는 슬픔' 그 자유의 실종 앞에서
요즘, 사람을 그리워하면서도 '말을 할 수 없는 슬픔'에,

죄를 지은 사람이 되어 버린
나는 '왜?'라는
'의혹'이 깊어지지만,
그저 잊고 싶어한다.
사람 안 만나고 살 수는 없을까?

이런 생각이 일어나 어두운 밤을 불안해하며

마음에 흐르는 어두운 것을 빨리 벗어나고 싶은 나는
나는 나쁜 사람
인지도 몰라.

독신 남자에게 말을 남긴 여자들

5월 아침에 커피를 타고 있는 빨간색이 보여서

아름답게 보이네요. 빨간색이. 내가 좋아하는 장미처럼. 라고 했을 뿐인데

"선생님은 아무 때나 아름답다고 한다. 저번에는 나한테 그러더니."

소리가 뒤쪽에서 들려온다.

저번에? 책 빌려줄 수 있어요? 소리가 나서 보니까 빨간색을 입고 있어서

아름답게 보이네요, 빨간색이

한 것을 속도 모르고.

속도 알려하지 않고 지금 화를 내는 것인가?

질투를 하는 것인가?

여자는 자기에게만 아름답다는 말이 들려야 하는 것인가?

들었으면 그냥 못 들은 척하면 될 텐데

뭐라고 하면서 나를 파고드네.

소가지 없는 여자들같이.

한 번은 일부러 찾아와서 별명 지어 달라기에

요모조모 생각하다가 맹꽁이가 떠올라서 맹꽁이라 하니까

맹꽁이를 인터넷에서 뒤져 보고는 딱 맞다고 좋아라 하는 여자도 있던데,

나는요, 나는요 하기에 또 생각해 보다가 날치, 뱀

해도, 좋아라 하는 여자도 있던데,

여자는 소가지 없는 존재일까?

얼마 전에는 뭐라더라.

"선생님은 여자한테 함부로 말하는 버릇이 있어요." 했던가.

자기 소개하는 자리에서 선글라스를 끼고 있어서

선글라스 인상적이네요 했을 뿐인데

속도 알려 하지 않고

"그랬어요? 죄송합니다." 하게 만드니.

나 어때요? 란 말 나오기 전에는 암말 안 해야겠다, 여자에게

속으로 새기는데,

"선생님은 왜 말 안 해요? 제가 말하면 선생님도 말할

거라 믿었는데."

파란 옷이 나타나, 뚱딴지같은 말이 나를 당황하게 만든다.

뭘 어떻게든 말하라고? 내가 속을 어떻게 맞춰?

암말 안 하는데

"여자한테 그렇게 말하니까 결혼을 못하지."

어떤 여자가 큰소리로 정리한다.

예전에 내 말을 다 들은 후에

"선생님은 착한 사람이에요."라고 말한 젊은 여자도 있었지만

유부녀든 아니든 나이 먹은 여자든 아니든 여자 속을 모르겠다.

커피 타는 여자가 "고맙네요." 소리를 가만히 전하며 커피를 가지고 나가는데

안녕들 하십니까?
- 오늘 점심은 멜론이 맛있던데요

급식에 나온 멜론
내가 백년이고 천년이고 살 줄 아냐
말이 뜬금없이 떠올라 멜론을 본다.
검정콩두유를 기억나게 한다.
이젠 할 수 없는 생신 축하
케이크에서 달린 멜론을 아들에게 주고
아들이 사드린 검정콩두유 한 박스에서
몇 개째가 드셨던 날 어머니는 쓰러졌다.
멜론은 말과 함께 외국에서 들어왔을 텐데
검정콩두유 개 좋아.
　무슨 말인 것 같은 '개'를 아이들이 말하며 두유를 마신다.
　잘 계시는지요?
　아이들은 '개'를 말하기도 하고 스마트폰에 빠지기도 하네요.
　어떤 여자는 '개' 같은 말을 하고
　죽은 제 아버지
　동상을 세울 궁리를 하거나

외국에 가서 이상한 말을 하거나
하는데 아이들은 스마트폰을 가지고 노네요.
어떤 여자가 이상하거나 말거나
상관이 없네요.
철도노조가 파업을 하는지 어떤지
불법파업이라고 어떤 여자가 몸서리치는지 어떤지
아무 관심이 없네요.
그냥 오늘 점심을 먹으면서
검정콩두유가 개 좋아
해 놓고 사진을 찍어 스마트폰 페이스북에 올리거나
스마트폰 게임을 하네요.
4년 뒤에는 어떤 여자 사진을 다운받을지 알 수 없지만.
점심을 먹고 나온 나는
눈인지 비인지 이상한 것을 맞는 속에
손과 몸이 떨리네요.
"오늘 점심은 멜론이 맛있던데요."
앞에 걸어가는 어른들한테서 소리가 들리는데.

커피를 마시는 사람들

외롭게 보내실 것 같아서 제가 만나러 갈게요.
크리스마스 이브에 오진을 만나
수입 커피를 드립해 준다는 곳을 향해 택시를 탄다.
철도노조 파업이 진행 중인데

풍암동 커피숍에서 드립한 수입 커피를
즐기는 마니아들을
오진은 꾸어다 논 보릿자루처럼 앉아 낯설어했어.

크리스탈 마운틴, 헤밍웨이가 즐겨했다는
쿠바산 커피 이야기도 하고는
드립한 탄자니아 에이에이를 권하는 마니아
곁에 그냥 말없이.

고급 커피에 제대로 매료되려면
혀를 굴리며 맛과 향을 음미해야죠.
케냐 에이에이 이 커피는
약간 신맛이 날 거예요. 그렇죠?

원산지 커피를 드립해 파는 풍암동 커피숍
마니아는 이 커피에 다 그런 맛을 느끼는가?
짠맛 같고 칡 맛 같은
커피에, 마니아에 오진은 어떤 생각이 들었을까?

약간 짠맛이 느껴지는걸.
그럴 수도……, 참, 28일 서울
총파업 결의대회엔 연대해야겠죠?

이렇게 사람을 만나고 나온 나에게
알아주셨으면 해요, 하고 오진이 말했다.
저는 낯선 사람과 새로운 관계 맺기를 꺼려해요,
저는 그저 있는 커피를 마실 뿐이죠.

커피숍에 있을 때 내가 위장되어 있었음을
확인해 준 건 나의 오진이었다.

수행평가 시간

  생각하고 있을까, 감상하고 있을까?
  교실 창 앞에 서 있는 노선생
  너머로 흐르는, 네 시를 막 지난 5월의 오후
  정오 전에 내가 본 화창한 것이, 푸른 하늘이 아직 흐
르는데.
  베란다에서 벌점 많은 아이와 대화를 하고
  돌려보낸 후 돌아서서 엉겁결에 본 고등학교 운동장
  화창한 것과 밝은 햇볕이 내리고 있었지.
  운동장 너머 차들 움직이는 길가에
  집들 위 푸른 하늘에
  화창한 것이 흐르고 있었어.
  "쉿!" 인성이가 안 보이는데……? 글자로
  시 쓰고 청소하겠다며 상점 주라고 했어요
  쓰레기 버리러 갔는가 봐요
  시 쓰기 수행평가를 하고 있는 문 앞의 아이가
  평가지를 찾아 보여 준다.
  '만남' 혹은 '말'과 관련해서 일어났던 일과 심정을
시로 써 보자.

벌점국어
국어쌤은 우리 반에 오시면
무조건 화를 내신다
1-3반 우리 반은 그걸 느끼고
재밌어 한다
국어쌤은 하시는 말이 있다
벌점 10점 10점 이러신다

"무조건은 아닌데, 이거 시 맞아요?"
아이의 못마땅한 듯한 목소리를 들어설까?
이상한 것을 느꼈을까?
노선생이 돌아선다. 교탁 쪽으로 걸어오더니
"교감 선생님! 지금 수행평가 중이라서"
인사를 하고 말을 한다.
"쓰레기 버리러 갔다는데 인성이가 아직 안 와서요."
뜻밖의 만남이라 엉겁결에 말을 하고
복도로 나왔는데, 심장이 뛴다.
마음속에서 화창한 것이 움직이는 것 같다.

소년이 사랑할 때

우리가 아는 모든 것을 위하여
시급 6,030원을 위하여
자신의 상태를 알기 위하여
소년은 자신을 세상에 알리기로 했어요.

나 알리기 위해서 문을 열고,
나 만나고 싶어서
문을 열었지요.

문을 열어서 문 속으로 들어오고
문이 열려서 문 속으로 들어가고
문이 닫혀서 문을 열고
문밖으로 나갔어요.

- 사랑하는 사람과 헤어져서
슬픔은 없어요.
사랑하고 싶고 사랑한 사람은 그대로
남아 있으니까요.

선천성 뇌성마비로 살아온 소년이
슬픔은 없는 듯 발을 꼬며 걸어가고 있네요.
학교가 파하여 친구들과 함께
걷는 길가엔 장미꽃이 피어 있는데.
베트남어일까, 말을 하며 인부들이 새 교문 공사를 하는데.
헤어지자는 말에
두 손의 손가락으로 핸드폰 문자판을
한 자 한 자 찍었을 텐데.

주저주저하다가 진달래가 필 무렵 다가갔지요.
할 말이 있어요
가까스로 목소리를 한마디씩 내고는
문자판과 목소리를 동반하여 속이야기를 털어보였어요.

― 사랑하는 사람이 있어요

사랑하는 사람과 살려면 돈을 벌어야죠
사회복지학과 가면 돈을 벌 수 있어요
갈 수 있는 성적인지 알고 싶지만……

나 알바하러 가는 날이야. 내일 보자.
우리가 아는 모든 것을 위하여
시급 6,030원을 위하여
옆에서 친구 목소리가 흘러나오고
소년은 발을 꼬며 걸음을 재촉하네요.

떠나는 사람의 노래 연습, 집회

가지 않았으니까 비겁자지 소리 듣고
서울 간다, 모처럼.
혼자서 둘이서 셋이서 서울 가는 사유는?
말하러, 표시하러, 표현하러……
떠나고 싶어서 가는 나는
KTX에서 내려 서울 속을 걷고 있다.
나로 인해 나를 아는 사람에게도
우울함 자신을 향한 안타까움이 일어나지 않기를 바라면서
불안한 마음도 꿈틀거린다.
집회에 제대로 서 있을지…….
세 사람이 지하철 타고, 역에서 내렸지만
보증금 환급기에서 찾아온 돈을 기다리는 나에게 건네주곤,
여선생이 최 선생과 함께 앞서 가 버린다.
촌놈 되어 뒤따라가 본 역 밖.
동대문 역사공원
거대한 곡선 디자인 내리누를 것 같은 콘크리트 구조

물을 보다가

   영화관 하나 없어 영광에서 버스 타고 광주 가는 학생들 떠올리다가

   시바의 여왕* 피아노 소리, 피아노 치는 사람을 지나서 뒤따른다.

   쇼핑하러 갈까요, 앞쪽에서 함께 걷는 사람에게 하는 말소리.

   밀리오레로 간다는데…….

   시장처럼 빽빽한 점포들 가에 난 길

   사람 따라 걷는 나를 자극한 중절모

   모자집 주인이 권하여 쓰고 나온다.

   역사공원 건너편 버스정류장

   한쪽에 허용한 흡연장

   벤치도 있어, 굉장한 자유를 찾은 기분으로 앉아서 담배를 핀다.

   아가씨가, 또 아가씨가

   유심히 보면서 들어선다.

   검정 중절모에 검정 양복을 한 사람이 담배 피는 장면을

왜 보나? 촌스러워서? 멋있어서? 불안하게 해서?
아이고, 이렇게 넓고 높은
서울은 함부로 갈 데가 공간이
아니다, 무섭고,
어쩌다가 서울이라는 곳에서 담배를 눈치 안 보고 피는 지금은 자유로워도,
하지만 담배 피러 온 게 큰 까닭이라 담배를 피운다.
연기가 담배를 떠남은 벗어남일까? 사라짐일까?
곧 퇴직할 두 선생 위해 모자값을 선물한 여선생 광선
지하철 타고 향린교회로 간다는데……
유리 안나 선생도 함께하는
그날이 오면, 합창
지도를 하는 사람 작곡가라 생각하고 노랫소리 내려는데,
밀리오레에서 선물받은 모자가 얼굴을 눌렀을까,
소리가 안 난다.
저 보셔야 돼요, 내일은 농담이지만
지휘자 가슴이 상반신이 보일 정도로.

떠나기 전 마지막 집회, 내일인데,
화음을 만들기엔 내 호흡이 짧다.
집회에 제대로 서 있을지…….

* 「시바의 여왕(La reine de Saba)」: 가수 미셸 로랑이 1967년에 작사, 작곡한 샹송. 레이몬드 악단의 연주곡(1969)과 실비 바르탕의 샹송(1974)이 유명하다.

찜질방 가고 싶어요

애들이 다 못 간다고 해요.
가라앉은 목소리다. 준혁이는 전화를 받지 않고
요한이는 바로 받는데, 무슨 일이 있나?
일요일에 갈게요. 했는데
6월의 사흘 연휴 이틀째인 아침 9시경
책상 앞에 앉아 있는 선생에게
"선생님, 우리 찜질방 가고 싶어요. 한 번도 안 가 봐서요."
"선생님이랑 가고 싶고 밤에 가고 싶은데……"
준혁이, 요한이 말이 떠오른다.
선생님 들어봐 봐, 가볍다. 진짜 가볍네! 하며
건국이, 정의가 또 갑작스럽게 장난을 하던 후라
찜질방엘 같이 가? 당혹스럽고 난감했던 일이 떠올라서
"찜질방? 나랑?"
확인하고는
늙고 앙상한 몸이 속에 있어도 좋을까 싶어 주저했는데.
네 고2 아이가 광주 가기로, 찜질방에 가기로 했다는데.

3년 전 3월, 밤에 선생님을 불러낸 고2 아이가
여자친구를 소개하고는 부탁 하나 들어달라는데
"선생님, 우리 찜질방 가고 싶어요. 데려다 주세요."
카페에 가서 팥빙수를 사 주고는
부모님 기다리니 목포로 내려가라
청을 거절하고 차표 사서 차에 태워버렸는데
그 후로는 연락 두절이다.
사랑은 어린 나이에 매우 신선해서, 열렬해서
사랑은 어린 나이에 꼭 갖고 싶어서
함께 밤을 지내고 싶은 사랑은 부모가 알면 깨질까 봐
방패 설 사람을 찾았는지 알 수 없지만.

연휴 마지막 날 오후 선생님은
핸드폰 카카오톡을 열어본다.
선생님 저 오늘 양파 해서 죽을 것 같아요
다음에 꼭 갈게요
내일까지 일해야 해요 /
저도 양파 했었는데 힘들죠

저는 오늘 고구마 심었어요
내일은 팥 심는다네요 /
저 지금 목 너무 타서 뜨거워요 /
알로에 발라
1학년 태헌이, 동영이 글도 보게 되어서 자판을 누른다.
휴일인데 열심히 일했다니, 삶의 아름다움인 것 같다.
선생님도 수고하셨어요. ㅎㅎ
밤, 카카오톡을 본 선생님이 내일을 생각한다.

비 오는 빛고을로

비 내리는 아침 시외버스에서 내려
젖은 우산을 도서실 미닫이 창틀에 두고
의자에 앉더니 테이블 위 퇴직원에 글자를 쓴다.
8월에 떠난 사람이면 좋을 텐데
"물 한 컵 먹고 싶어요."
묻고 싶은 말을 못한다.
"물? 따라와."
서류를 제출하고 나온 사람의 얼굴을 보았는지
선생님, 어째 힘이 없어 보이네요
여자 목소리가 난다.
바람이 우산을 말릴 무렵
만큼 시간이 지나 점심때
그 사람이 창밖을 바라보다가 우산을 가지고 나간다.
빗방울이 더 굵어진 것 같다.
한참 만에 돌아온 사람에게 물어봐야 할 텐데
"오늘은 기분 좋겠네요, 비가"
"그래. 장마철 비라 싫을 때도 있지만"
빗방울이 조금 더 굵어지고 있다.

비가 내리는 빛고을로
퇴근시간 차량이 정체되고
시외버스 차창 밖을 그 사람이 내다보고 있다.
6월 하순에 장미를 가게 앞에 내놓은 꽃집
핸드폰 가게, 그리고 내리는 비, 클랙슨 울리는 길
소녀가 눈물을 훔친다. 내 또래 고2나 될 것 같은데.
자전거를 타고 가는 남자가 소녀를 스쳐 지나간다.
귀가하는 사람일까 뭘 하러 가는 사람일까
파란 우산 손에 쥔 채 머리 숙여 걸어가는 소년
자전거가 곁을 스쳐 놀랐는지 쳐다본다.
사랑하고 헤어질 때
아파하는 것은 그 사람이기 때문?
빨간빛도 푸른빛도 있어서.
차가 다시 움직이고 내 곁에서 그 사람이 고개를 돌린다.
8월에 떠난 사람이면 좋겠어요, 라고 말 건네려다가
"아직 비가 내리는데"

"내리면 너도 우산을 쓰고 나도 우산을 써야지."
다시 창밖을 본다.

편의점에서처럼
– 사람과 말없음

사람과 말없음.
둘 중 어느 것을 의미 있게 생각해야 하는가?
이 두 가지 사항을 놓고 깊게 생각할 필요가 없다.
관계를 전제로 생각지 않는 한

저쪽에 있어요, 하고는
사 가는 물건의 바코드를 찍고
말없이 잔돈을 내주는
편의점에서처럼

아이스크림 좋은 것 있어요?
이것 말고 비싼 것, 콘
누가 먹는데요?
아이들이. 이것 초코, 아이들이 제일 많이 먹어요.

하루 지나 아침
편의점에서 내가 이렇게 말을 묻고
콘을 사가지고 온 것은

그 애, 말없음 때문이다.

수업을 시작하자 바로 뒷좌석 애에게 말을 걸고
핸드폰을 만지작거려서, 벌점 준다고 했더니
벌점 줬으니까 저 알아서 할래요 하곤
핸드폰으로 음악을 크게 틀어 저항한 아이
내가 언제 벌점 줬냐고 물으니까 줬잖아요를 반복하는
말이 안 통하는 아이
화를 내게 만들고
화를 내니까 눈물을 흘리나 싶더니 시간 끝난 후에도
펑펑 눈물 빼치며 말없이 울던 그 여자아이

아직도 기분이 안 좋니?
니가 잘한 것 내가 잘한 것, 내가 잘못한 것 니가 잘못한 것
말하고 서로 마음을 풀어야 할 것 아니냐? 따라와.
세 갠데 어제 핸드폰 빌려준 애 하나 주고
한 개 남은 건 너 좋을 대로 해라.

말을 해야 하는 직업인인 나

| 해설 |

쇼윈도 거리를 걷는 현대의 햄릿

김청우 시인, 문학평론가

1

시집 말미에 '해설'이라는 이름으로 붙게 될 이 글이 맡아야 할 역할은 무엇일까. '해석'과 '해설'이 서로 결코 같을 수 없다는 것은 단지 '단어' 차원(단어의 다름)에서 이야기될 성질의 것이 아니다. 쉽게 말하기는 어렵지만, 그럼에도 불구하고 이 '해설'이 염두에 두는 것은 이제 막 세상에 나오는 이 시집이 '문단'이라는 세계에, 더 나아가 우리 삶에 자신의 자리를 기입할 수 있도록 하는 일이다. 그러나 이것조차도 어떤 부끄러움, 혹은 어떤

'멈춤'이 전제되어야만 비로소 가능하다는 것을 말할 수밖에 없다. 말하고자 하는 바가 분명한 시일수록, '해설'의 역할은 축소되기 마련이다. 시가 스스로 정당화될 때 해설은 그 존재 의의를 잃어버리기 때문이다. 박석준의 『거짓 시, 쇼윈도 세상에서』라는 표제를 단 이 시집에 부치는 '해설'의 자리에 이러한 말들이 필요한 이유는 다름이 아니라 시들의 의미적 선명도가 비교적 높다는 사실에서 비롯된다.

단적으로 말해, 그의 시는 멜랑콜리의 정서, 다시 말해 고독, 소외, 상실, 피로, 허무, 우울, 환멸 등의 감정들로 교직되어 있다. 이 시집은 총 4부로 구성되어 있다. 자본주의 사회에의 말과 진실의 관계, 사람 사이의 단절과 소통의 어려움, 현 시국에 대한 불안과 안타까움, 그리고 교육자—박석준 시인은 오랫동안 교직에 몸담았다고 한다—로서 겪은 현장의 경험 등이 그 면면을 이루고 있다. 무슨 말이 더 필요하겠는가? 물론 그의 시를 읽는 경험은 전체적인 의미의 선명도와는 별개로, 어쩌면 '곤혹스러운' 경험이 될 수도 있다. 이를테면 다음 시를 보자.

나는 가슴에 한국 옷을 입은 마네킹 앞에 섰다.
코가 뾰족하다, 스마트폰, 컴퓨터 윈도우에서와는 다

른 모델,

  키가 빈틈없이 크다, 늘씬한 10대, 그렇지 날렵한 바
벨탑

  그거다 인간의 소리를 모른다,

  따위로 느낌을 번지게 하더니 마네킹은

  잠시 잊고 만 손을 떠올리게 한다.

  그 가게 앞에, 쇼윈도 세상에서

-「쇼윈도 세상에서」 부분

  박석준의 시집에서 이와 같은 문장들을 찾기란 그리 어렵지 않다. 시의 '의미'가 말하기 방식에서 비롯된다는 타당한 전제를 상기한다면, 이를테면 "키가 빈틈없이 크다"와 같은 표현은, 정서의 차원에서 선명한 박석준 시의 '의미적 선명도'에 대해 다시 재고해야 할지도 모른다는 생각이 들게 만든다. 말하자면 그의 시는 전체적으로 어떤 말을 하고 싶은지는 비교적 분명하지만, 그 '결'을 자세히 들여다보고 있노라면 쉽게 잡히지 않는, 즉 '현기증 유발 구간'과 조우하게 된다는 것이다. 이러한 말하기 방식은 앞서 언급한 멜랑콜리의 정서, 그것을 형성한 여러 감정들에 기인한다고 볼 수 있다. 멜랑콜리는 극도의 정신적 긴장 속에서 '내면'을 향해 생각을 거

닙함으로써 유발되는 것으로, '개인'이라는 개념이 발명된 근대의 산물이다. 그렇기 때문에 멜랑콜리는 근대적 주체가 맞게 된 고통과 방향 상실, 그리고 심리적 공황에 대한 반응으로 여겨지게 되었으며 급기야는 '예술가의 스타일'로까지 자리매김하게 되었던 것이다.

박석준의 시는 그러한 멜랑콜리의 정서를 통해 자신을 둘러싼 세계와 관계 등에 대해 작은 균열들을 낸다. 특히 (문제가 많은) '현대'에 있어서 '예술'의 존재는 인식의 국면에 그와 같은 '균열'을 도입할 수 있느냐 여부와 관계된다. 애초에 '현대' 예술의 조건을 논할 때 '새로움'이 운위되는 것 자체부터가 그러한 이유 때문이지 않은가. 물론 그와 같은 균열들을 지켜보는 일은 그리 유쾌한 경험은 아닐 수 있다. 본 해설이 담당해야 할 과제는 그러한 경험이 왜 가치가 있는지, 동시에 어떤 매력을 가지고 있는지 등을 피력하는 데 있다. 이는 박석준의 시가 단순히 '우울증'은 아니라는 점과 함께 간다.

손택(S. Sontag)은 멜랑콜리에서 '매력'이 상실된 상태를 우울증이라고 말한다. 박석준 시의 매력은 시 자체가 바로 그런 균열의 모습을 닮았다는 데 있다. 위에 인용한 시에서, "쇼윈도"는 말 그대로 '보여주는(show) 창문(window)'이다. 마이크로소프트사의 컴퓨터 운영체

제로 잘 알려진 '윈도우즈(windows)' 역시 '창문'이다. 통상 창문이 집 안에서 바깥을 보는 매개(소통)로서 존재한다면, 쇼윈도와 컴퓨터의 '창'은 과연 무엇을 매개하는 것일까. 창문처럼 바람과 빗물, 찬란한 햇빛으로 바깥과 안을 연결함으로써 주체로 하여금 '살아 있음'을 느끼게 하는가. 화자가 쇼윈도 안의 "마네킹" 앞에서 혼잣말을 하다 ('불통'의 상징인) "바벨탑"을 떠올리는 것은 그것이 "인간의 소리"를 모르기 때문이다. 컴퓨터 모니터에 뜨는 수많은 창들에 대해서도 마찬가지 의심을 할 수 있다. 어떻게 '그렇지 않다'고, 그러한 소통에 '어떤 위화감도 없다'고 단언할 수 있을까. 위 시의 '창문'은 '닫힌 창문', 벽처럼 시야를 원천적으로 봉쇄하지 않기 때문에 도리어 보는 사람이 기만 당할 수 있는 '창문 아닌 창문'인 것이다. 박석준은 그러한 소외 의식을 '매끄럽지 않은' 문장을 통해 형상화한다. 아니, 오히려 이러한 문장 스타일이 그와 같은 소외 의식을 만들어 내는지도 모른다.

2

박석준 시의 화자는 매우 예민하다. 그는 불안을 감지

하는 데 탁월한 촉수를 지니고 있다. 그래서 도처에서 '소외'를 경험한다. 이러한 '소외'가 화자로 하여금 이와 같은 시를 쓰게 했을 것이다. 『거짓 시, 쇼윈도 세상에서』는 박석준 시인의 두 번째 시집이다. 첫 번째 시집인 『카페, 가난한 비』(푸른사상, 2013)에 이어 3년만의 시집이다. 김백겸은 『카페, 가난한 비』에 대해 "비가 내리는 도시의 풍경, 소시민으로서의 삶, 고독한 예술가였던 고흐에 투사되어 있는 내면의 우울이 파노라마처럼 전개"된다고 말한 바 있다. 이 시집 역시 그러한 평가에서 크게 다르지 않은 결을 지녔다고 볼 수 있다. 특히 김백겸이 말한 내용 중에 "그의 시는 텍스트와 콘텍스트를 동시에 염두에 두고 있어야 이해하기 쉽다"고 한 것은 박석준의 시를 읽는 데 있어 시사하는 바가 크다. 다음과 같은 시를 볼 때 '콘텍스트'를 염두에 두지 않을 수가 없다.

담배를 권했던 친구가
5월 연기만 남기고 떠나갔다
(중략)
그가 남긴 현기증을 안고
스무 살의 소년인 나는
술주정보다 먼저 실연을 배웠다

숨어서 나눈 그 우정
담배 연기 속에서 사라져 가고
나는 그해 대학교 1학년이었다
시가 무엇인지 모르면서 시를 쓰고 싶었던
슬픈 모방기 어질병을 안고
나의 몸은 최루탄 속에서도
꽃을 피웠고, 비 오는 날이면 나는
결강을 했다. 하얀색 빨간색
불경한 진달래는 조심해야지
형들은 감옥에 가고 나는 무서웠다
나는 가슴이 멍멍하였다 군인 출신 대통령
차례로 권좌에 앉았다 가고
나는 술이 늘지 않았다

- 「25년 전의 담배 한 모금과 세 잔의 술
  - 박석준, 문병란」 부분

  문학사에 준하여 미학적 성과를 가늠하는 성격의 글은 그 태생의 '특징' 혹은 '한계'로 인해 텍스트에 나타난 '특이한' 혹은 '특수한' 표지들을 찾는 데 관심을 쏟는다. 형식주의 비평이 대두된 이래, 이러한 방식의 비평은 비평의 '처음이자 끝'으로 군림해 왔다. 그러나 데리다(J. Derrida)가 문제 삼았듯, "너무 지나치게 남발되는 저자의 죽음과 그 누락"은 문제다. 물론 그의 말처럼 애초에 텍스트가 아닌 것은 없다. 심지어 시인 본인의 입으로 '직접' 자신의 생애에 대해 구술하는 것을 듣는다 해도 '언어'라는 매개─시인 본인 또한 '언어'로 말을 하는 순간 언어의 법칙에 따라 기억을 조직하고 생각할 수밖에 없다. 언어는 생각의 도구가 아니라 본질인 셈이다─를 통하게 되기 때문에 어디까지나 '텍스트' 차원을 벗어날 수 없다. 더군다나 시는 특수한 형식의 말하기다. 따라서 시를 논하는 데 있어 '저자' 역시 텍스트 차원에서 말할 수밖에 없는 것이다.

하지만 그럼에도 불구하고 시의 발화 국면에는 언제나 시인이 자리하고 있다는 것을 망각해서는 곤란하다. '저자의 죽음'으로 사태를 단순화하는 것은 오히려 쉽다. 고민해야 할 것은 한쪽으로 수렴시킴으로써 상황을 미니멀하게 만드는 것이 아니라, 시를 논하는 데 있어 어떻게 시인의 자리를 마련해 주느냐다. 그렇지 않고 '쉬운 길'을 택할 때 박석준의 시를 이루는 축 중의 한 축이 망각되거나 정당한 취급을 받지 못할 공산이 크다. 박석준의 시가 음울한 도시의 풍경과 소시민으로서의 삶을 우울감과 고독으로 그려 내고 있는 데는 그가 한국의 민주화 과정에서 갖은 고통을 겪은 형제들을 두고 있을 뿐만 아니라, 본인도 교사로 근무하며 전교조 운동에 참여(「떠나는 사람의 노래 연습, 집회」)하는 등 결코 적지 않은 고통을 감내하고 있기 때문이다.

  위 인용한 시에서 우리는 그와 같은 시인의 자화상을 확인할 수 있다. "모든 흔적은 연상을 불러일으킨다"(「전화 목소리 – 숲 속의 비」)는 고백에서처럼, "담배 연기"가 주는 "현기증"은 "5월", "연기만 남기고 떠나"간 친구를 떠올리게 한다. "시가 무엇인지 모르면서 시를 쓰고 싶었던 슬픈 모방기"로부터 그의 시는 시작되었다. 담배 연기는 사라지지만 여전히 현기증은 남아 시인으로 하여금 그를 떠올리게 한다. 모든 사라지는 것들은 시인의 마음에 흔적을 남기고, 그는 그렇게 유령처럼 떠도는 기억에 애도를 표하기 위해 "시가 무엇인지"도 모르면서 시를 쓰게 된 것이다. 박석준 시인의 상실감은 "5월", "최루탄", "감옥", "군인 출신 대통령"(그것도 "차례로")과 무관하지 않다. 이를 '민주화'라는 말에 수렴시키는 것은 그 섬세한 결을 놓치는 일일지는 모르겠지만, 그렇다고 해서 아니라고 할 수도 없는 노릇이다. 그러나 '민주화'가 '타자에 대한 사랑과 공존에의 희망'의 다른 이름이라면, 박석준 시는 확실히 '민주화'의 실현에 온 마음을 쏟은 결과라고 단언할 수 있다.

3

그의 '투쟁'은 내면에의 침잠沈潛으로 점철되어 있는 듯 보이지만, '시 쓰기'의 행위로 끊임없이 '밖'을 향한다. 그 목록은 시인이 1부부터 4부까지 나누어 놓은 것처럼 4가지 빛깔로 나타난다.

박석준은 「시인의 말」에서 "쇼윈도 속 상품들에서 이미지나 말을 생각하고, 영상 속 이미지나 말에 심취하고, 수입산 커피를 파는 카페에서 나름의 풍요나 자유나 기쁨을 느끼기도 하면서 도시의 사람들은 살아간다. 도시 속에서 고뇌를 하고 고독, 우수, 소외와 같은 것을 느끼는 사람도 있겠지만"이라고 쓴다. 시인은 지금을 "혼미한, 불확실한 시대"로 인식하고, "생각은 일어나지만 생각대로 말이 되지 못한 목소리"를 슬퍼한다. 시가 발화되고 독해되는 국면에서 '콘텍스트'란 상당히 애매한 위치를 점유하는 것이 사실이나, 적어도 시를 위성처럼 돌고 있는 고백투의 저 말이 갖는 위상은 독자들로 하여금 시인의 고민 지점이 무엇인지, 또 어떻게 공감할 수 있는지를 언뜻 비춰 준다. 시인 자신도 저 "도시의 사람들" 중 하나, 특히 "도시 속에서 고뇌를 하고 고독, 우수, 소외와 같은 것을 느끼는" 사람일 것이다. 시집의 표제가 가리키듯, 저 말에서 주목할 것은 "쇼윈도", "영상", 그리고 "생각대로 말이 되지 못한 목소리"다.

 이것들은 시집의 표제와도 일치한다. 『거짓 시, 쇼윈도 세상에서』-이 제목은 각각 2부와 1부에 수록된 동명의 시 제목을 따온 것이다-에서 읽을 수 있는 것처럼, 시인은 앞서 살펴보았듯이 '불통'의 은유인 "쇼윈도"가 즐비한 세상에서 자신의 발화가 '거짓 시'로 읽히는 것을 우려한다. 시가 기만을 증폭하는 수단으로 작동할 여지를 줄이려면 어떻게 해야 하는가. 이미 '손'을 떠난 이 시들이 '오독誤讀' 되지나 않을까 하는, 설령 거기까지는 아니더라도 어렵게 얻어낸 '진실'이 시를 통해 '전달' 되지 않으면 어쩌나 하는 생각. 이러한 생각이 단지 기우에 불과한 것은 아니다. 엄혹한 현실 앞에 시인에게 견고했던 진실은 부표처럼 부침을 거듭한다. '진실'을 알고 싶어하지 않는 사람들에 의해 '진실'은 존재하지 않는다는 '진실'이 밝혀진다. 시인의 의식이 자꾸만 '뒤로' 물러나면서 질문을 거듭하는 것은 바로 이 때문이다.

진실.

알고 싶었으나, '안들 뭐하랴?' 소리가 따로 뇌리를 흐른다.

삶이란, 그저 그렇게 있는 것 아닐는지.

(중략)

나는 '육신이 경쾌하면 머리도 경쾌하고,

아무것도 생각나지 않을 때 그때가 가장 괴로움이 적을 때.' 라는

생각을 하고 있지.

(중략)

아무튼 나는 진실을 모르고 싶어.

왜냐? 내 현실에선 진실은 순간성을 띠었을 뿐이니까.

그래도 일상은 지속적이었는데,

진실은 어떤 때는 자신을 매도하고 사라져 버렸던 것 같아서.

이게 진실의 패러독스 아닐까.

- 「거짓 시」 부분

"진실의 패러독스"를 언급하는 시답게 각 문장은 명쾌하나 전체적으로는 살짝 비틀려 있는 것이 특징이다. "일상은 지속적"인 데 반해, "진실은 순간성을 띠었을 뿐"이다. 그렇기 때문에 진실은 시간에 의해 견고하지 않다. 본질적으로 시간에 저항성을 갖는 것이 곧 '진실'에 대한 정의定義일 텐데, 만일 그렇다면 진실은 언제나 '불변'하고 그 '자리'에 붙박혀 있는 것이어서 모든 사람들의 발길은 결국 그곳에 당도할 수밖에 없으리라. 즉 진실은 성지聖地로서 비로소 '진실'로 자리매김한다. 하지만 "어느 누가 진실을 얼마나 생각하고 살아가고 있는 건지!"라는 시인의 절규 속에서, '진실'은 어디에도 없다는 역설이 발생한다. 시의 말미에서도 읊조리듯 진실이 없다는 것은 "너무 슬프고 삶을 무의미하게 만드는 것"임에도 불구하고, 사실이다. "진실이 배 밖 세상을 치고 숨고 있다"(「숨은 배」)라는 구절에 보이는, '세월호'로 대변되는 진실의 상실이 너무나도, 정말 너무나도 슬퍼서 "콤플렉스 트라우마"(「콤플렉스 트라우마 – 트래픽 스트레스」)로 남게 될지라도.

4

문제는 박석준의 「거짓 시」처럼 '진실의 진실'을 말하는 시 역시 역설의 순환에 놓인다는 점이다. 마치 크레타인이 '모든 크레타인은 거짓말쟁이다'라고 말하는 장면처럼 말이다. 그래서 시인은 자꾸만, 우울해진다. 이것은 거의 형벌에 가깝지만, 그렇다고 해서 멈추지는 않는다. '반복'은 그에게 '진실'을 지킬 유일한 길이다.

> 내게 비치는 반복,
> 그걸 볼 때마다 마음이 애틋해지지만
> 그래서 진실되게 여겨진다.
> 반복됨이야말로 간단한 형식이고
> 그 속에 사정事情이 내게 닿아,
> 내가 도망치듯 말을 잃어도
> 배반인지 알 수가 없다.
> ― 「어머니의 신음 소리를 듣고」 부분

이러한 상황은 세상이 "쇼윈도"로 이루어져 있다는 구조 상 공통점 때문이다. '쇼윈도'는 소통 불가뿐만 아니라 현혹의 이미지 또한 담고 있다. 그 이중성이 문제다. "퇴근을 하고 열어보는 여러 얼굴들/살아가는 일에 대해 생각하는 날/아름다운 사람이 스쳐 간다. 그때/안다고 누군가 인사하는/몸짓이 재생된다, 유리창 밖 세상처럼"(「마흔다섯 넘어」)에서 "재생"이라는 시어를 사용하는 것, 박석준 시의 화자는 이미 '도시인'이다. 같은 시에서 "SALE!"을 "살래?"로 읽는 장면은 단순한 말장난을 넘어 그러한 자본주의적 논리를 음험한 것으로 보지만 그로부터 쉽게 벗어날 수 없는 애매한 모습의 자신을 명쾌하게 형상화해 낸다. 「흙」이나 「가난함」에서 보이는 '말의 흐름' 또한 연장선상에 놓여 있다. "돈으로 돌고" 어지러운 시야 속에서 "상像, 상像으로 상傷한" "그 사람"을 안타깝게 바라보는 데 기표의 흐름을 끌어들이는 이유는 도시가 가진 이중성 때문이다.

이 이중성을 넘어 '진실'에 도달하고자 하는 그의 처절한 말들, 음울하지만 찬란하다. 그것은 필시 그가 투명하고 민감한 감성으로 세상을 바라보는 데서 비롯될 것이므로. 세상과 관계 맺기가 내면으로의 침잠과 우울로 이어지는 것은 그만큼 그가 세상과 관계를 소중히 여기기 때문이다.

박석준

1958년 광주에서 태어나 전남대학교 국어국문학과, 광주대학교 대학원 문예창작학과를 졸업했다. 2008년 계간 『문학마당』 신인상으로 작품 활동을 시작했다. 시집 『카페, 가난한 비』와 자서전 『내 시절 속에 살아 있는 사람들』이 있다.

e-mail poorrain@hanmail.net

문학들 시선 040
거짓 시, 쇼윈도 세상에서

초판1쇄 찍은 날 | 2016년 11월 28일
초판1쇄 펴낸 날 | 2016년 12월 2일

지은이 | 박석준
펴낸이 | 송광룡
펴낸곳 | 문학들
등록 | 2005년 8월 24일 제2005 1-2호
주소 | 61489 광주광역시 동구 천변우로 487(학동)2층
전화 | 062-651-6968
팩스 | 062-651-9690
전자우편 | munhakdle@hanmail.net

ⓒ 박석준 2016
ISBN 979-11-86530-28-3 03810

· 잘못된 책은 바꿔드립니다.
· 이 책 내용의 전부 또는 일부를 재사용하려면
  반드시 저작권자와 문학들의 동의를 받아야 합니다.
· 책값은 뒤표지에 표시되어 있습니다.